研学教育模式研究

YANXUE JIAOYU MOSHI YANJIU

杨丽彦 / 著

贵州大学出版社
Guizhou University Press
· 贵 阳 ·

图书在版编目（CIP）数据

研学教育模式研究 / 杨丽彦著. -- 贵阳 : 贵州大学出版社, 2024. 6. -- ISBN 978-7-5691-0885-9

Ⅰ. G424.29

中国国家版本馆 CIP 数据核字第 2024Q8X894 号

研学教育模式研究

著　　者：杨丽彦

出 版 人：闵　军
责任编辑：钟昭会
装帧设计：陈　艺　方国进

出版发行：贵州大学出版社有限责任公司
地址：贵阳市花溪区贵州大学东校区出版大楼
邮编：550025　电话：0851-88291180
印　　刷：贵阳精彩数字印刷有限公司
开　　本：787 毫米 ×1092 毫米　1/16
印　　张：16.25
字　　数：261 千字
版　　次：2024 年 6 月第 1 版
印　　次：2024 年 6 月第 1 次印刷

书　　号：ISBN 978-7-5691-0885-9
定　　价：42.00 元

序

近年来，在国家教育部指导下，研学旅行被纳入中小学教育体系，全国各地中小学研学旅行教育活动迅速开展起来。为了培养中小学研学旅行教育活动急需的研学旅行指导师，教育部于2019年增设了高职“研学旅行管理与服务”专业。笔者供职的贵州轻工职业技术学院成为全国首批成功申报该专业的高校，于2020年开始招生，2023年首届学生毕业。由于本人负责组织申报该专业和后期人才培养工作，对中小学研学旅行有了较多的关注与研究。

2021年，贵州省启动了“知行贵州”丝绸之路青年交流计划（以下简称“知行贵州”）。基于岗位职责，笔者积极组织设计国际学生研学旅行课程及研学手册，并申报立项“知行贵州”的子活动，曾担任贵州省首届研学课程设计大赛评委。基于对研学教育利于促进学习者学习效能的提升、终身学习能力的提高、社会主义核心价值观的建立等方面的认识，笔者撰写了研学旅行相关问题的研究论文，并于2023年应邀参加马来西亚教育部组织举办的“第八届全球高等教育论坛”，有幸被选入大会发言。出于工作和学习需要，笔者阅读了大量世界各国对研学旅行教育模式的研究文献资料，并结合自己的实践经验对研学旅行教育进行了研究。

作为教育的一种形式，研学旅行教育具有独特的教学方式。目前，社会上有一部分研学旅行指导师并未受过专业培训，一些研学机构仍带有传统旅行社的“影子”。因此，当前的研学旅行教育是从教育目的出发，还是从旅行目的出发，或者两者皆有之，界限尚不明确。也许会有读者发问：如果同时满足了教育目的和刺激旅游目的地的经济发展岂不两全其美？笔者本人的答案首先是肯定的。但作为教育者尤其是思政教育工作者，笔者认为，还应该在研学课程设计中明确教育的目标及结果。但根据笔者观察，部分研学机构还没来得及学习或消化研学旅行教育的相关知识和教学方法，就已经行走在中小学研学旅行的路上了，对旅行活动、景点介绍非常熟悉，但对研学旅行课程开发和教学实施比较陌生，尤其缺乏对研学课程教学方法的掌握。从各级研学旅行课程开发竞赛可以看出，参赛的研学旅行社和学校的参赛作品质量都亟待提高。为了助力研学旅行事业持续健康发展，笔者决定撰写《研学教育模式研究》一书。

根据2022年中华人民共和国人力资源和社会保障部（简称人社部）颁布的《研学旅行指导师的职业等级考核标准》和国家旅游局发布的《研学旅行服务规范》，本书开发了研学旅行管理与服务专业的人才标准和培养方案，认为在研学旅行指导师培养方面，研学旅行指导师这个职业具有“师范+导游”双重职业的特殊性。

本书采用了大量篇幅对当前研学旅行亟待解决的“研学十旅行”中的研学问题进行了分类、定义和示范说明。通过实例，从研学旅行资源的开发与利用入手，对研学旅行路线设计、研学旅行课程设计、研学手册设计、评价表设计等，都详细分析了设计思路和设计案例，对研学旅行课程的教学方法也进行了详细的介绍。其中，研学模式中的教学方法是比较难以掌握的内容，本书通过实例分析，进行了重点介绍。研学教育模式有多种教学方法，但也有一个固定的规律，为了帮助读者掌握研学的教学方法，书中用案例详细分析了一种教学方法，并介绍了其他几种教学方法，总结了研学课程教学方法的规律。内容通俗易懂，能帮助研学旅行指导师迅速掌握几种教学方法。

为了从科学的角度验证研学旅行教育对学生的培养是否具有优越性，本书采用SPSS分析软件，对我国中西部地区的职业院校学生进行了在线问卷调查和分析，用科学依据证实研学旅行教育对学生综合素养的成长具有积极作用。

研学旅行管理与服务专业是教育部2019年新增专业，研学旅行指导师也是2022年人社部公布的18个新职业之一。中小学研学旅行作为新的教育模式，需要研究的问题很多，本书只是从研学角度进行了研究和示范，希望能够为从事研学旅行指导师培养的教师、学生和研学服务工作者提供帮助，为推动我国研学旅行教育事业的发展作出贡献。

杨丽彦

2024年2月26日

前　言

2016年12月，教育部颁布了《教育部等11部门关于推进中小学生研学旅行的意见》（教基一〔2016〕8号），从此开启了中小学生“研学旅行”教育活动，通过国家组织几个地区试点之后，于2022年开始在全国各地轰轰烈烈地开展起来。

中小学生开展研学旅行教育活动主要的目的是：厚植中国文化，激发学生对党、对祖国、对人民的热爱，促进学生培育和践行社会主义核心价值观，引导学生将书本知识与实践结合起来，学会关爱他人，勇于创新，融入社会，全面提升综合素养。

研学教育是一种体验式教育模式，强调以学习者为中心，在预设环境下实施实践与探究为主的教学方式。研学教育模式能使学习者获得强烈的感官体验，不仅可以用于研学旅行，还可以广泛应用于从幼儿教育到大学教育的各学科教学中。本书对研学教育模式进行了详细的分类、定义和应用说明。

研学旅行是研学教育模式中的一种教学形式。针对我国研学旅行教育活动急需解决“研学优”的问题，本书结合国内外研学领域相关文献，采用大量篇幅对研学设计的内容进行了研究和阐释，对研学教育模式分类、研学课程教学方法、研学旅行线路设计、研学旅行课程开发、研学手册开发等，都作出了比较详细的分析和案例示范。

值得一提的是，本书对我国研学旅行教育中的研学课程教学方法进行了详细分析。虽然研学教育的方法多种多样，但通过分析，仍然可以找到一定的规律。为了帮助读者掌握研学的教学方法，书中通过列举详细实例介绍了常用的几种教学方法，并总结出一个固定的规律和特点，使读者可以照此举一反三。

本书还对我国急需的研学旅行指导师的培养进行了研究，并对研学旅行教育模式的效果进行了分析，首次将阿斯汀的参与理论——输入—环境—结果模型（Input-Environment-Outcome Model）运用于我国研学教育的教学中，以拓展教育部提出的“以统筹协调、整合资源、因地制宜开展研学旅行”的实现路径。

目　录

第一章　研学模式教育概述

一、我国研学模式教育概况

建设教育强国，是全面建成社会主义现代化强国的战略先导，是实现高水平科技自立自强的重要支撑，是促进全体人民共同富裕的有效途径，是以中国式现代化全面推进中华民族伟大复兴的基础工程。① 当今人类社会飞速发展，科技进步令人目不暇接，我国对人才的需求标准也在不断提高。为了培养热爱祖国，有社会责任感和协作能力、创新能力并掌握专门知识技术或技能的各类人才，我国一直重视教育的发展和教学模式的改革，一直在探索有效的教育模式。

近些年，我国教育模式的改革快速发展，研学模式教育成了当前的热门话题。研学模式教育又称探究式教育，是一种以学生为中心，以学生亲身实践与探究为主的教学方式，强调学生主动参与，积极思考，培养学生的学习兴趣和自主学习能力，锻炼学生的思维能力和创新能力，帮助学生掌握科学方法和探究精神，并提升学生的团队协作和沟通能力。由此，研学模式教育得到了师生和社会各界的广泛认可，在国家大力支持下，中小学研学旅行教育活动蓬勃开展起来。

---

① 《加快建设教育强国 为中华民族伟大复兴提供有利支撑》，《人民日报》2023 年 5 月 30 日。

按照研学教育方式来划分，研学模式教育可以分为研学旅行、研学模式教学、研学实践三类。

在这三种教育方式中，研学旅行是更适合对儿童和青少年进行教育的方式，尤其在我国大力推进素质教育的今天，带中小学生走出学校，亲近大自然，体验科技发展创造的奇迹，参观革命传统教育纪念馆感受国家平安来之不易，参观文化纪念馆感受传统文化的博大精深等尤为必要。让孩子们在旅行中学习，这种教育形式被称为“行走的课堂”。

少年强，则中国强。我国非常重视中小学教育工作，自2016年以来，国务院、教育部、文旅部、人社部等先后出台了系列文件，支持和指导中小学研学旅行教育工作。教育部于2019年增设了高职“研学旅行管理与服务”专业[①]，批准在全国建立622个研学基地和营地[②]，并把研学旅行教育活动纳入中小学课程体系。通过教育部选择的几个地区的试点，于2022年开始，研学旅行教育活动在全国各地蓬勃发展起来。

研学模式教育的优势，在于其可以提供多样化的教学形式，注重理论与实践的结合，能激发学生创新思维，积累解决问题的经验和能力，有效培养学生全面发展，提高学生的综合素质和创新能力。研学旅行教育定会成为我国教育改革的一个重要组成部分，将更受到重视和广泛应用。

① 教育部：《普通高等学校高等职业教育（专科）专业目录》（2019年增补专业），2019年10月18日。

② 教育部办公厅：《教育部办公厅关于公布第一批全国中小学生研学实践教育基地、营地名单的通知》，教基厅函〔2017〕50号，2017年12月6日。教育部办公厅：《教育部办公厅关于公布2018年全国中小学生研学实践教育基地、营地名单的通知》，教基厅函〔2018〕84号，2018年11月1日。

二、国外研学模式教育概况

近年来，研学教育在国外许多国家也得到了广泛发展，包括美国、英国、澳大利亚、加拿大、日本等，甚至一些国家早在几十年前就开始实施研学教育，而很多国家在近年来加大了研学教育的推行力度。

1. 美国研学教育的起源与发展

美国是研学教育的早期发展者之一，其起源可以追溯到 19 世纪末和 20 世纪初。这个时期，一些教育家和学校开始组织学生开展实地考察与户外活动形式的研学教育，以提升学生的综合能力。这种教学活动被视为研学教育的萌芽。

美国教育家亚历山大・阿斯汀（Alexander W. Astin）对这种教学形式进行了细致研究，归纳出"实地研究"（Field Studies）这一研学教育概念，认为这种教育模式可以鼓励学生通过实地考察来学习预先设定的教学内容。阿斯汀最大的贡献是 1993 年提出了著名的 I-E-O（Input-Environment-Output）模型[①]（见图 1-1)，为研学教育奠定了理论基础。当时的一些教育者开始认识到，学生通过实际参与和实地学习，能够更加深入地理解理论知识，获得更多的技能和素质。由此，I-E-O 模型逐渐被很多国家的教育学者所接受。

2. 阿斯汀的 I-E-O 模型

阿斯汀的 I-E-O 模型是一个极有影响力的教育要素和教育质量的评估模型。该模型非常清晰地阐明了研学教育活动质量分析三要素即输入、环境、

① 臧悦、吴红斌等：《阿斯汀 I-E-O 理论视野下专门职业人才培养路径研究——以香港大学医学院和新加坡国立大学医学院为案例》，《教育学术月刊》2020 年第 2 期。

输出三者之间的关系，对提高教育效果和评估教育有效性极有帮助。

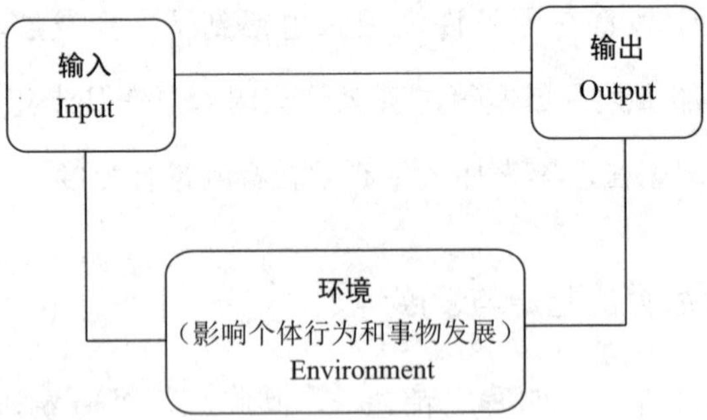

图 1-1　阿斯汀 I-E-O 模型

从 I-E-O 模型中可以看出，学习环境对学生学习成果的影响非常重大。当然，这个环境是广义的，泛指研学教育应该具备的各种保障教学效果的教学条件。在研学教育中，学生置身于实际情境中，优秀的研学教育环境通常更加丰富和具有挑战性。I-E-O 模型非常强调学习环境的重要性，提醒教育者和研学项目组织者要创造有利于学生学习的环境，促进知识和技能的积累。

根据 I-E-O 模型，需要对教育活动的输入进行仔细评估。在研学教育中，评估内容包括课程设计、教育资源、教师指导能力、教师与学生人数比、安全措施与保障、活动经费等方面。通过对输入内容的评估，可以确保学生在实地考察或实践中得到有效的指导、技术支持、安全和经费等方面的保障。

I-E-O 模型也非常重视输出。输出也可以称为“学习产出”，即学生通过一个研学活动所能获得的知识、技能和经验。在研学教育中，评估过程通常需要学生完成参与小组讨论、总结和反思学习过程的得失、撰写项目总结报告等一系列活动，这些活动有助于评估学习产出，衡量学生的学习成果。

I-E-O 模型还有一个关键概念是循环性反馈和改进。在研学教育中，通过对输入、环境和输出的评估，可以不断完善教育活动，提高学生的学习体验和效果。循环性反馈和改进有助于教育者与研学项目组织者不断优化研学项目的设计及其执行效果。

I-E-O 模型还强调多维度评估，包括学生的认知成果、技能发展、情感态度和社会行为等方面的收获。多维度评估与研学教育的综合性目标相符，因为研学项目通常旨在培养学生的多方面能力。

总的来说，阿斯汀的 I-E-O 模型强调教育活动的全面性评估和不断改进，对研学教育提供了理论基础和方法论支持。通过采用 I-E-O 模型，可以更好地评估学生在研学教育中的学习效果，提高学生的学习体验，不断优化教育过程，从而确保研学教育的有效性和质量。

I-E-O 模型对欧美国家研学教育起到了引领作用，英国、美国、澳大利亚三个国家开展了研学教育认证工作。

3. 欧美地区国家研学教育情况

研学教育的概念逐渐影响到其他国家，美国、澳大利亚、加拿大、新西兰等欧美地区国家率先开展研学教育活动。目前，部分国家已把研学教育纳入教育体系，研学教育在这些国家的教育体系中发挥着重要作用。

4. 美国的研学教育

美国的研学教育在不同州和区有所不同，但很多学校已把研学教育内容纳入教育计划，由学校和教育机构根据教育计划为学生提供研学活动。这些活动包括实地考察、户外探险、科学研究、社区服务等，有助于丰富课程体系，培养学生综合能力，提高学生的学习动力，丰富学生的教育体验。

美国的研学教育还有一个特点，就是研学教育把 STEM（科学、技术、工程和数学）教育也设为研学内容，培养学生参与科学实验和技术创新[①]。科学、技术、工程、数学之间是一种相互支撑、相互补充、共同发展的关系，只有通过实例让学生在交互和碰撞中掌握知识，才能实现深层次的学习与理解性学习，培养学生各个方面的综合能力。美国有许多研学项目都涵盖了生态学、环境科学和可持续发展主题，学生有机会参与生态保护、野外考察、水质测试等活动。

通过研学项目，学生可以参加历史和文化研学活动，如参观博物馆、艺术画廊、历史遗迹，了解美国独立战争、内战、“民权运动”等历史事件。

美国的研学项目还设置了社区服务和公民教育，鼓励学生参与社区服务和公民教育活动，学生可以参与志愿工作、社会项目、人权倡导等，培养社会责任感。

美国鼓励学校之间的合作和伙伴关系，教育部门、教育协会和非营利组织积极推动学校之间的资源共享、师资交流和学生交流。一些学校在城市或州际范围内建立了联合项目，共同开展各种研学和教育活动。

5. 澳大利亚的研学教育

澳大利亚的研学教育也被纳入教育体系中。结合国家的地理特点，澳大利亚的研学教育项目包含生态和环境教育、科学研究、原住民文化探索、社区服务等领域，并鼓励学校之间合作开展研学活动[②]。

澳大利亚的研学项目通常涵盖自然环境和野生动植物保护的主题活动，学

① 周建中：《促进校内外融合的STEM科学教育——学校与场馆的结合》，https://max.book118.com/html/2019/0910/6230024105002103.shtm，访问日期：2024年3月17日。

② 胡凯、程迟：《国外研学旅行发展经验探究》，https://www.doc88.com/p-54061818673669.html，访问日期：2024年3月17日。

生可以参与野生动植物保护项目和环境保护项目，考察珊瑚礁、森林生态等。

水文学和海洋研学项目涵盖了海洋科学、水资源管理和海洋生态学方面的研究，学生可以参与海洋研究航行，可以潜水考察等。

澳大利亚的研学项目还把原住民文化和历史作为学习内容，学生通过研学活动，了解澳大利亚原住民的相关传统知识、艺术发展和社区生活。

澳大利亚还把研学教育纳入高等教育，一些大学组织科学研究研学项目和实地考察机会，为大学生提供更加深入的学习实践机会。

澳大利亚是全球开展研学项目认证的三个国家之一，认证机构是澳大利亚研学协会（Australian Association for Outdoor Education）。评估和认证的内容包括研学项目的教育价值、环保和文化教育，以及安全和风险管理。研学认证确保了研学项目符合澳大利亚的研学教育标准，也保证了项目质量，使家长和学生能够作出明智的选择。

6. 加拿大的研学教育

加拿大的研学教育重点涉及环境教育、文化体验和社会参与，通过研学项目，学生有机会参与野外考察、社区服务及文化交流等。

加拿大研学教育的特点是各个省和地区都有自己的研学教育政策与课程，一些地区提供与原住民相关的文化和与历史相关的研学项目。加拿大鼓励学校与各个省和地区合作，尤其是文化、环境和社会项目方面的合作，可以促进师资交流及学生交流。

7. 新西兰的研学教育

新西兰研学项目主要集中在自然环境、户外冒险、生态保护项目和文化体验领域。新西兰鼓励学校合作开展户外探险、生态保护项目等项目活动。

8. 欧美国家对研学教育的重视

欧美国家政府和教育部门特别重视与支持研学教育，部分国家把研学项目纳入教育体系，并设置了研学教育的认证体系。

欧美国家鼓励学校之间和跨地区的研学项目合作，这不仅促进了教育资源的共享，还提供了多样性的学习机会拓展学生视野，有助于提高学生的综合素质。

社区组织和非营利机构积极配合学校开展研学教育，并在研学教育中扮演重要角色，积极提供志愿者服务、专业知识和资源，并为学生提供社会服务、文化体验、生态保护等研学项目。这种合作更加有助于学生参与社会活动和服务项目，从而培养学生社会责任感。

资源投入方面，不同国家对研学教育的资源投入程度有所不同，一些国家是政府提供经费和政策支持，而有的国家需要依赖私人和非营利机构的资助。

欧美国家注重青少年跨国开展研学旅行交流，国家愿意提供国际合作和交流项目，为学生提供跨国文化交流机会，拓宽他们的国际视野。国家支持学校和机构与国外的教育机构合作，共同开展国际研学项目，促进学生的教育国际化。

9. 日本的研学教育

研学模式的修学旅行教育在日本已经成为常用的教学方式，最为突出的修学旅行教育模式已经进入日本中小学教育评价体系。

日本最早开展研学旅行活动的是东京师范学校，于 1886 年组织了全校规模的“长途远足”[1]。之后，该校在这次活动的报道中总结了在知识与能力两方面的收获，引起了社会的关注。1952 年，“日本修学旅行协会”成立。在该协会的推动下，修学旅行活动顺利开展，之后日本把修学旅行纳入中小学常规教育。一般情况是小学在本市就近修学旅行一次，初中可以在省内或国内修学旅行，高中可以在日本国内修学旅行，也鼓励学校组织一次国外修学旅行。

日本修学旅行内容涵盖体验亲近自然、社会生活体验与实践、战争历史、政治、经济、文化、职业体验等多个领域，修学旅行的地点和内容则依据年龄不同来选择。

日本新修订的《小学学习指导要领》和《初中学习指导要领》对修学旅行的意义作了进一步定位：“修学旅行的形式主要以远足和宿泊体验学习为主。组织开展修学旅行，旨在让学生在与平时不同的集体住宿活动中，在与大自然接触及了解乡土文化与历史的过程中，增长见闻，开阔视野，同时建立良好的人际关系。”《高中学习指导要领》在此基础上作了更为详尽的阐述：“要把修学旅行作为落实教育目标（尊重生命、珍爱自然、保护环境）的重要载体之一，培育尊重传统和文化、热爱祖国和乡土以及为国际和平与发展作出贡献的态度。”日本的中小学学习指导要领为其修学旅行规范化提供了政策性的指导。

日本的修学旅行能够顺利开展并成为学校教育的重要特色之一，与日本全国修学旅行协会的支持密不可分。该协会立足“确保学生安全”“完善修学旅行的教育功能”“在学生的修学旅行费用负担以及政府的相关财政投入方面实现经济效益最优化”三大宗旨，为全国中小学的修学旅行提供管理、监督和指导。该协会每年还会围绕修学旅行的现状、成果、遇到的问题等内容开

① 陈世华：《行走中的“必修课”——日本修学旅行让孩子触摸真实的世界》，《光明日报》2017 年 10 月 7 日。

展研究，并发布调查统计报告，面向社会提供各种信息与资源，并帮助学校和学生向政府申请相关的设施或财政投入，促进学校与社会的紧密衔接，不断提升修学旅行质量。

修学旅行协会与铁路部门协商，为修学旅行开设了热点旅行新干线学生专门列车，并协助铁路部门公告修学旅行专用交通运输计划和时刻表，定期组织当地学校召开修学旅行研讨会，开展各地学校修学旅行调查研究，定期组织召开修学旅行经验及成果分享会等，有效促进了修学旅行的长足进步。修学旅行协会的工作包括研究、管理、信息公布多个层面，同时还负责协调政府及政府各部门、各学校主体，有效地沟通了政府、社会与学校，为日本修学旅行教育的运行全面保驾护航。

修学旅行活动始终把学生安全问题放在首位，为确保学生安全，修学旅行协会与当地教育局会落实优惠价格的学生专列车、汽车等交通工具，并且还严格规定了带队老师与学生人数的比例，同时还要配备校医、营养师、修学指导师，并提前备好紧急事件应对方案。

日本是自然灾害多发国家，根据修学旅行研究协会发布的调查报告，为确保学生的旅途安全，多数学校会利用手机等通信设备的定位功能。各学校还具备紧急联络机制，会通过预先计划避难场所、给学生分发避难地图、协同旅馆或旅行社的方式确保学生安全。

为了培养青少年的国际视野，日本开发了国外修学旅行，首先确定的国外修学旅行国家是中国、美国、韩国、新加坡、马来西亚。北京于 1985 年正式接待了日本修学旅行团。之后，日本国家领导人与中国领导人会晤期间，对日本青少年修学旅行团到中国旅行的事项进行了商议。1987 年，在邓小平同志的倡议下，中国政府成立了由旅游、教育、铁道、民航等多个部门共同参与的“中国接待日本青少年修学旅行委员会”。多年来，该委员会在推动中日青少年修学旅行的市场化运作等方面发挥了重要作用。

2020年，中日青少年修学旅行交流研讨活动在西安举办，进一步推进了日本青少年国外修学旅行活动。西安方面为日本学生来西安修学旅行设置了三个主题：一是博物馆之旅。如参观半坡博物馆、皇帝陵墓、古法造纸博物馆等。二是遣唐使之旅。以“隋唐文化”为课题，专门打造了“遣唐使足迹游”，在如今的摩登都市探寻千年前日本遣唐使在长安留下的真挚情谊和传奇故事。三是高科技文化之旅。推出了自然科考主题的研学项目，如西安阎良航空航天展、飞机模拟驾驶、西安卫星测控中心参观、航天六院研学基地触摸火箭发动机的脉动等，深受日本师生欢迎。

2022年，中日青少年修学旅行交流研讨活动在成都举行，开辟了日本青少年修学旅行新路线，进一步促进了中日两国青少年研学旅行教学活动互鉴及共同成长。

三、国内研学旅行教育活动现状

在国家教育部及相关部委的支持和指导下，我国研学旅行教育迅速发展，于2017年开始出现中小学研学旅行教育并通过试点，于2022年开始在全国各地中小学迅速兴起。

1. 研学旅行模式的研学教育蓬勃发展

2014年8月，国务院颁布《关于促进旅游业改革发展的若干意见》，要求开展具有中国特色的研学旅行，把研学旅行作为青少年爱国主义和革命传统教育、国情教育的重要载体，纳入中小学生日常德育、美育、体育教育范畴等。

2016年12月，教育部发布教基一〔2016〕8号《教育部等11部门关于推进中小学生研学旅行的意见》[①]，要求把研学旅行纳入中小学教育教学计划，与综合实践活动课程统筹考虑，促进研学旅行和学校课程有机融合，同时加强研学旅行基地建设。根据研学旅行育人目标，依托自然和文化遗产资源、红色教育资源和综合实践基地、大型公共设施、知名院校、工矿企业、科研机构等，遴选建设一批安全适宜的中小学生研学旅行基地，积极推动资源共享和区域合作，打造一批示范性研学旅行精品线路，逐步形成布局合理、互联互通的研学旅行网络，并根据小学、初中、高中不同学段的研学旅行目标，有针对性地开发自然类、历史类、地理类、科技类、人文类、体验类等多种类型的活动课程。

2017年和2018年，教育部分别颁布了第一批、第二批中小学研学基地和营地共622个，这些研学基地分布在全国各地。可以看出，面向中小学开放的研学基地包含革命历史、社会历史、传统文化、科技、天文、航天、大学实验室等内容丰富的研学旅行基地。但由于我国地域辽阔，各地都有不同主体特色的研学旅行教育基地，研学内容不一样，基地点分布不均匀，跨地域研学旅行必定会成为一种趋势。

针对我国中小学生研学旅行活动蓬勃开展，对研学旅行指导师迫切需求的现状，2019年，教育部增设了高职研学旅游管理与服务专业。2020年，首批申报该专业的院校获批招生，2023年首批研学旅游管理专业的专门人才毕业。未来该专业毕业生将逐步弥补中小学研学旅行指导师的空缺。

从以上一系列国家和部委文件，以及研学旅行基地建成、研学旅行指导师的培养情况，可以看出国家对中小学开展和普及研学旅行教育的决心。社

① 教育部：《教育部等11部门关于推进中小学生研学旅行的意见》，教基一〔2016〕8号，2016年12月2日。

会各界普遍认识到，研学旅游有利于促进学生培育和践行社会主义核心价值观，激发学生对党、对国家、对人民的热爱之情，引导学生主动融入社会，将书本知识和社会实践相结合，培养关爱他人、勇于创新的人才，推动全面实施素质教育。由于研学旅行的教育优势得到社会广泛认可，全国中小学研学旅行教育活动已经轰轰烈烈地开展起来。

2. 中小学生家长对研学旅行教育的关心

我国中小学生家长对研学旅行教育活动目的有一致的认识，认为通过研学旅行活动可以培养孩子相互关爱的精神，提高综合素养，因此他们愿意给孩子提供游学费用。

家长最关心的还有安全问题。根据相关统计，2016 年，全国共有小学在校生 9 913.01 万人，初中生在校生 4 329.37 万人，普通高中生在校生 3 970.06 万人，除掉小学一至三年级、初中九年级、高中三年级学生外，这一年适合参加研学旅行的学生数超过 1 亿人。目前，我国中小学每班人数为 40 人或更多，家长担心研学旅行指导老师与学生人数的比例过小，对孩子照看不周，希望学校重视研学旅行的师生比，确保学生的安全，尤其希望长途研学旅行的师生比更加合理，并严格要求执行。

学生家长还希望加强研学旅行教育活动评估，建议采取多方评价体系，如设置学生家长满意度的电子问卷，学生所在学校老师满意度的电子问卷等，采用政府管理部门组织评价和抽查等形式的评价方式，切实保证学生安全，做好研学旅行教育。

3. 研学教育在高校的开展

研学不仅是研学旅行的专属名词，更是一种教育模式。近年来，我国研学模式教育飞速发展，已经成为教育领域的热门话题。高等学校也在探索研学项目，为学生提供理论与实践结合的学习机会。高校常见的研学活动包括以下几种：

第一种是大学生社会实践活动。如社会调研、暑期“三下乡”等活动，大学生的各种科研项目、科技竞赛等。

第二种是学校与企业合作开发研学项目，为学校提供更多的实践学习资源，培养学生的创新能力，提高职业发展能力，促进学生就业。

第三种是境外及国际交流和合作。一些学校积极引入境外及国际研学项目和交流活动，为学生提供交换生项目跨界学习机会，提高学生国际视野和跨国文化沟通能力。同时，也有高校开发国际研学项目，接受参加“一带一路”国家的学生到中国参与研学项目活动。

4. 我国研学教育发展亟待解决的问题

我国的大规模研学教育刚刚起步，学生人数规模巨大，在规范化和研学活动课程质量方面还有很大的提升空间。

研学旅行教育模式在国家政策与资金的大力支持下，建立了多种领域的适合中小学生研学旅行的学习基地，研学旅行发展势头良好，但有些中小学存在重游轻学的现象，部分学校甚至把研学旅行活动委托给旅行社承办。研学旅行教育目标是让学生通过活动，达到厚植中国文化，激发其对党、对祖国、对人民的热爱，促进学生培育和践行社会主义核心价值观，引导学生将书本知识与实践相结合，学会关爱他人，勇于创新，融入社会，全面提升综合素养。在研学旅行教育过程中，要把研学的教育目标贯穿到整个活动中，这就需要开发优质的研学课程。旅行社对“研学 + 旅行”中的旅行部分非常熟悉，可以完成得很好，但研学的课程设计与教学方法则千差万别，亟需研学旅行指导师掌握和改善研学课程设计与常用的研学教学方法。

为了保障研学旅行教学质量，政府管理部门应对研学旅行教学质量进行定期检查或抽查，并形成常态化。

为了培养社会亟需的具有创新能力的人才，应同时鼓励大学生开发更多包含科技创新能力的研学教育项目。国家应从政策导向方面，鼓励高校实验室、科研单位、企业单位面向大学生，提供可以吸纳学生参与的研学教育项目或研发、研究项目，鼓励学校支持老师开发和应用研学教育项目实施于教学中，并鼓励各地区各学校开展研学教育项目的研究和交流活动。

希望我国研学教育规范、稳步、快速发展！

第二章　我国古今研学教育的变迁

一、我国古代游历与游学概况

1. 古代游历和游学与现今研学旅行之不同

我国自古流传的“读万卷书，行万里路”的格言人人皆知，人们也都知道中国古代很多名人的游历故事。当今我国中小学生开展的研学旅行和古代游历的相同之处，都涉及学生通过实地考察和探索未知世界来获取知识与经验的教育方法，但二者在目的和获取的知识与能力内容等方面完全不同。

游历是中国传统的教育方式之一。因古时候交通极为不方便，人们出游只能靠步行或马车，大多数人的活动范围只局限于自己的居住地附近，不知道几百里甚至几千里外是什么样子，那里的人们怎么样，那里的文化和生活习惯是什么样子，那里的地貌又是什么样子……学子们为了扩大自己的视野和知识面而离开家乡，前往名山大川、历史名胜，体会那里的自然风光与文化，并拜访名师等，以获得更多人际交往和文化体验机会。积累这些知识和文化，克服和解决游历路途中的困难和意外事件，有助于培养人们的道德品质及修养，获得解决困难的能力，游历对当时人才的教育和成长至关重要。

古代的学子们通过游历，了解更多地方的传统文化、历史事件、名胜古迹来丰富自己的知识积累，提高自己的综合能力。但他们出发前没有明确的教育课程和需要达到的目标，也不知道这趟游学能获取哪些知识和本领，不知道什么时间能走到目的地，甚至于下一个目的地都可能是临时决定的，更不会有目标达成效果的考核。显然，游历并不是现今研学教育下的研学旅行。

古代游历和游学是当时历史背景下产生的一种学习方法。在当时有限的交通条件下，游历和游学已经是很好的学习方式了。虽然这不是现今的研学旅行，但我们可以称之为我国研学教育的雏形。

研学教育模式下的研学旅行教育方式，是现今中小学教育体系的一部分，具有明确的教育目标。研学旅行指导师需要事先设计好教育目标和研学课程，明确实践过程、完成时间以及学生能获得的知识、能力、经验、技能等，并充分预测学生可能遇到的困难和解决方案等，最后还要通过自我评价、学生评价、老师评价的方式，考核预期学习目标的达成情况。因此，古时的游历和当今研学旅行的教育背景、目的和教育方式等存在明显差异。

2. 春秋战国时期的游历游学

早在两千多年前的春秋战国时期，游历游学活动就出现了。首先提出游历、游学概念的是先秦的诸子百家[①]。

古代游历的标志性人物是先秦时期的孔子。孔子是最早意识到游历、游学对一个人性格养成和知识形成具有重大影响的人。据《史记・孔子世家》记载，孔子带领自己的学子游学各诸侯国长达 14 年之久，他带着弟子们边行走边学习，边学习边实践，开阔视野，增进学识，提升他们的综合素养，游学足迹遍及卫、陈、鲁、宋、郑、蔡、楚等诸国。当时很多名家如墨子、庄子、孙子、孟子、荀子、韩非子等，也都游历过很多地方。唐代李白游历到庐山，看到瀑布感觉非常震撼，写下了著名的诗句："日照香炉生紫烟，

① 参见朱耀廷：《中国古代游记》，北京大学出版社，2007。

遥看瀑布挂前川。飞流直下三千尺，疑是银河落九天。”大家非常熟知的时代早年遍观群书，后来走遍大半个中国，并将所见所闻记录下来，历经三十多年考察撰写的《徐霞客游记》流传至今。读书与游历对一个人的成长都是不可或缺的经历，古人正是在游览名山大川、参观历史遗迹、体察当地文化的游学中，丰富了阅历，增长了知识，获得了综合能力的提高。历史上还有很多人们熟知的帝王、皇家子弟、诗人、画家、教育家等，也都游历过很多地方，直到现在，还可以在各地的旅游名胜景点看到他们的刻字。

游历、游学的学习模式在中国文明史中已经具有两千多年历史。游学是中国最古老的传统学习方式之一，孔子的游学思想，对现在盛行的研学旅行有一定的启示。

二、我国近现代研学教育概况

1. 清朝政府鼓励游学与游历

清朝政府出台游学和游历的政策，要归功于湖广总督、军机大臣张之洞（见图 2-1）。张之洞为清朝末期重臣、后期为洋务派代表人物，这里我们统一归纳为他在清朝任职期间为国家作出的贡献，以及与游学和游历的关系。

图 2-1　1903 年，晚清名臣、时任湖广总督等职的张之洞[①]

张之洞早年由科举入仕，居京官 20 余年。1882 年后，历任山西巡抚、两广总督、湖广总督。晚年慈禧太后把张之洞调到京城任军机大臣[②]。他任湖广总督 18 年，任职期间修建了京汉铁路，创建了枪炮厂、炼钢厂、火柴厂、纺织厂等工厂（见图 2-2）。其中，汉阳铁厂是一家钢铁联合企业，包括生铁厂、贝色麻钢厂、西门士钢厂、钢轨厂、铁货厂、熟铁厂等 6 个大厂和机器厂、铸铁厂、打铁厂、造鱼片钩钉厂等 4 个小厂。湖北枪炮厂（现汉阳兵工厂）不惜巨资，从德国购买了当时最先进的制造连珠毛瑟枪和克虏伯山炮等

① 图片来源于“张之洞与武汉博物馆”。

② 李光泉：《张之洞经济思想实践与近代中国经济的发展》，《求索》2008 年第 1 期。

成套设备，所生产的汉阳式 79 步枪（汉阳造）、陆路快炮、过山快炮，均是当时比较先进的军事装备，是晚清规模最大、设备最先进的军工企业。

图 2-2　张之洞任湖广总督期间在武汉兴建的军工和钢铁企业[①]

发展工业后，张之洞深知工科类专业人才的缺乏，便大规模兴办高等学府培养专业工程技术人才，兴办实业教育学校培养专门的技能人才，兴办国民中小学教育储备未来人才。针对发展国民教育凸显的师范类专业人才缺乏问题，他又兴办了师范教育。为了解决人才亟需问题，张之洞选派人员到日本留学学习师范教育，到西洋列国留学学习工业技术。

后来，张之洞被调进京城于朝廷任职。他根据当时我国工业发展对人才的需求，鼓励各地人才自费到国外留学，学习工业技术。工业发展不但需要工科专业人才，还需要能适应国家工业发展的各级政府管理人才，这就需要拓展现任官职人员的视野。为此，他起草奏折并争取到慈禧太后的批准，派

① 图片来源于“张之洞与武汉博物馆”。

各级官员到国外游学、游历，并注明满、汉人都可以选派。

出国考察称为游历，出国并进入外国学堂学习称为游学。朝廷下文鼓励大小官员申请出洋游历或游学，凡是能自己出钱出游的分别给予奖励，回国后都给予重用。但要求游历人员要详细记载游历考察内容，回国后呈送御览或呈送政务处及各部院、督抚衙门以备考核，并规定若毫无记录虽年限多仍不给奖。奖励等级为："游历以遍涉东西洋各国，往返在三年以外者为上；择游欧美两洲之一二国，或二三国，往返在二年以外者次之；专游欧美各国中之一国，往返在一年以外者又次之；仅至东洋游历，往返在一年以外者又次之。无论东西洋，其游历在一年以内者无奖。"①

张之洞用游学和游历方式鼓励各族大小官员至国外拓展视野，并为出国游学和游历人员争取到国家的政策与经济支持。当时颁布的《奖励游学毕业生章程》指出，"游学较游历为尤有实际，最为成就人才之要端"，格外奖励游学，规定若"得有彼国学堂毕业凭照者，回国后，尤宜破格奖励，立予擢用"。对游历人员的奖励则要比游学减一等。为解除出洋职官的后顾之忧，章程明确规定"凡出洋游历游学人员，并一概免扣资俸"②，以示鼓励。

张之洞是中国历史上少见的清官，为中国的铁路建设、重工业建设、轻工业建设、教育发展都作出了卓越的贡献。1956 年 2 月，毛泽东在接见黄炎培时说，提起民族工业，在中国近代史上有四个人不能忘记：重工业不能忘记张之洞，化学工业不能忘记范旭东，交通运输不能忘记卢作孚，纺织工业不能忘记张謇。

张之洞不但为我国工业建设作出了巨大贡献，同时对游学和游历的性质

---

① 陈元晖主编，陈学恂、田正平副主编《留学教育》，上海教育出版社，2007，第 23 页。

② 孙继南编著《中国近代音乐教育史纪年 1840—2000》（新版），上海音乐学院出版社，2012，第 277 页。

进行了明确的定位。

2. 民国时期的修学旅行教育

民国时期虽然战争不断，社会动荡，但教育事业依然在缓慢发展。陶行知先生在江苏淮安创建了新安小学，并亲自担任首位校长。1930 年春，陶行知委派他的学生汪达之为第二任校长。

为了践行陶行知“生活即教育，社会即学校”的教育思想，1933 年秋，新安儿童自动旅行团（见图 2-3）于 10 月 22 日从淮安出发，经镇江至上海，往返历时 54 天。[①] 7 名小学生在上海参观工厂，到棚户区了解工人的贫困生活，与报童一起上街卖报，到大、中学校去演讲等。新安旅行团的团旗上端写着“社会即学校”（见图 2-4），表明了他们出行的目的。这次研学旅行在当时引起了各界轰动，获得了舆论界的好评。陶行知高兴地称赞他们：“没有父母带，先生也不在。谁说小孩小，划分新时代。”（见图 2-5）

图 2-3　新安儿童自动旅行团成员[②]

① 刘友开：《汪达之评传》，江苏大学出版社，2021，第 39 页。

② 图片来源于新安旅行团历史纪念馆。

图 2-4　新安旅行团团旗[①]

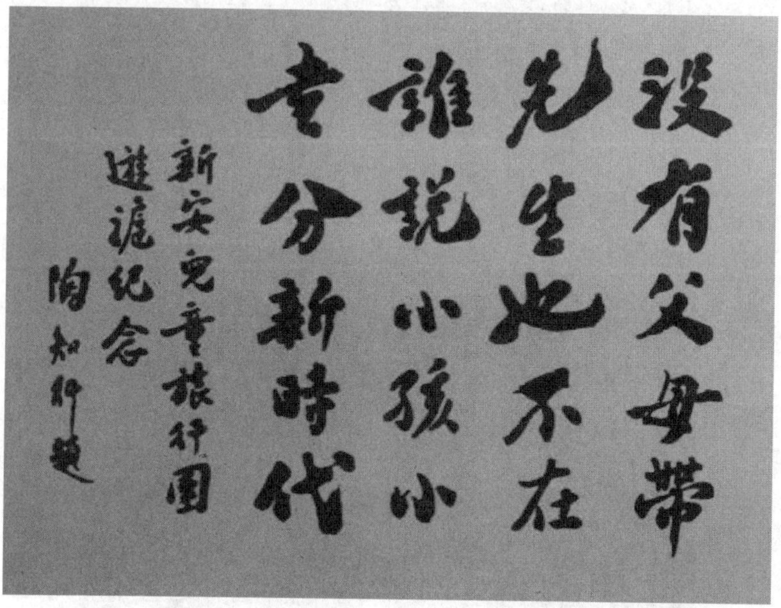

图 2-5　陶行知给新安儿童自动旅行团的题词[②]

① 图片来源于新安旅行团历史纪念馆。

② 图片来源于新安旅行团历史纪念馆。

1935年，日本帝国主义侵占我国东北三省后，进一步把魔爪伸向华北地区。在这民族危亡的关头，在中国共产党组织和陶行知的支持下，14名新安小学生组成新安旅行团（见图2-6），第二任校长汪达之任顾问，于当年10月10日开始了全国性的旅行，沿途宣传抗日救亡思想，书写抗日标语（见图2-7）。

图2-6　新安旅行团成员[①]

图2-7　新安旅行团沿途书写抗日标语[②]

① 图片来源于新安旅行团历史纪念馆。

② 图片来源于新安旅行团历史纪念馆。

新安旅行团历时17年，行程5万余里，足迹遍及全国22个省份，最后到达苏北抗日根据地（见图2-8）。他们通过唱歌、劳动、卖书卖报、爱国演讲等办法自筹经费，大树下、溶洞里都成了他们学习文化知识的课堂。他们观察沿途地理、风俗、民情，了解近代工业文明，学到了很多学校里学不到的东西。在周恩来、宋庆龄等老一辈革命家关怀与指导下，学生们沿途通过放映电影、演出、演讲宣传抗日救国思想，宣传党的主张，团员也逐渐从14人壮大到600余人。

图2-8 新安旅行团到达苏北抗日根据地[①]

陶行知提出的“生活即教育”“社会即学校”“教学做合一”三大主张，

① 图片来源于新安旅行团历史纪念馆。

进一步推动了中国教育模式的变革和发展。新安旅行团成为中国现代教育史的奇迹，他们修学旅行成功的事例很好地验证了陶行知三大主张的可行性和正确性。

无论过去、现在还是未来，新安旅行团修学旅行的成功经验都值得我们学习和借鉴。

3. 近代海外修学旅行情况

1840—1949 年海外修学旅行有两种形式：一种是国外考察游历，主要是政府部门官员或行业组织考察学习，如蔡元培、黄炎培都是为了发展中国教育事业到多个国家考察学习；二是到国外留学（游学）。这个阶段，到国外各类学校学习并取得毕业证书称为留学，不再沿用古代游学称谓，而且政府制定了留学相关政策，留学经费有官费和自费两种，留学主要是赴美留学、留学日本、庚款留学、留法勤工俭学。

留学的学习内容多种多样，既可以学习欧洲的军事技术和制造业等专业，也可以学习经济建设、人文思想等专业。广大留学生的留学目的主要是为了学习西方先进的教育理念、教育制度、教育方法等思想与文化，贯穿着“探求真理，学习科学，爱国救亡，振兴中华”的主线，寻求一条救国之道。

三、我国现今研学教育概况

1. 中华人民共和国延续并发展了研学旅行教育

1949 年中华人民共和国成立以来，人民安居乐业。建国大业蓬勃发展的同时，教育事业也得到了全面发展。解放初期，为了解决教育缺失的遗留问题，全国各地从城市到农村都开展了扫除文盲的学习班，九年义务教育逐步普及，高中阶段教育和高等教育也得到了飞速发展。

中华人民共和国成立后，国家非常重视学生教育的全面发展，中小学一直开展着春游或秋游，组织学生参观革命历史展览馆和科技博物馆等具有研学旅行特征的教育活动，很多学校还组织了学工、学农、学军的实践活动，以及勤工俭学、红色旅游、生物考察、地质考察等多样性的活动。全国各高校还坚持开展部分同学暑期“三下乡”活动，有的调查民情，有的组织当地学生学习他们不曾学过的知识，有的通过节目表演或演讲宣传党的方针政策。不能参加“三下乡”队伍的学生需要利用暑期作社会调查，并提交暑期社会调查报告。类似这样的一些活动都可以归纳为研学旅行或研学教育活动。虽然我国从小学到大学都有研学模式的教学，也有研学旅行，但都是由各学校自主组织开展的活动。目前，国家对中小学研学旅行教育活动开始统一规划管理。

2. 我国研学旅行教育与国外的交往

改革开放促进了国际间的教育交往，国外考察和短期学习项目逐渐增加，出国留学人数增多，外国来华的修学旅行团和夏令营促进了国内研学教育的发展。

1985 年，北京接待了日本青少年修学旅行团。1987 年，中国政府成立了中国接待日本青少年修学旅行委员会[①]。之后，每年都有日本青少年修学旅行团到中国各地开展研学旅行活动。

2018 年，“汉语桥——英国培优项目来华夏令营”项目获英国教育部支持，由中国教育部中外语言交流合作中心（Center for Language Education And

---

① 卢爱华、王玉霞：《浅谈我国现代修学旅游的发展》，《市场周刊（理论研究）》2013 年第 11 期。

Cooperation，CLEC）、英国文化教育协会（British Council）和伦敦大学学院教育学院（University College London, Institute of Education）合作主办。[①] 项目每年接待英国师生到中国各个城市进行沉浸式中文学习和文化体验之旅，在与中国师生的互动中进一步提升汉语普通话技能，体验多彩的中国文化。同时，世界其他国家如比利时、美国等国青少年学生也赴华参加了“汉语桥——中学生夏令营”活动。在为期两周的行程中，比利时学生到北京游览了故宫、长城等著名景点，参观了孔子学院总部，还赴河南省学习中文，体验中国传统文化，与当地中学生开展联谊活动等。美国青少年学生的“汉语桥”夏令营在重庆巴蜀中学举行，在为期10天的时间里，学生们学习汉语言文化，体验重庆的风土人情。

改革开放以来，我国中小学生到国外研学旅行的活动增多。起初是一些英语培训机构为了让学生亲身体验国外的语言环境和西方文化、当地学校的教学模式和原生态家庭生活，组织在英语培训机构里学习的中小学生出国研学旅行。之后，部分旅行社也开始组织学生出国研学旅行，一些发达地区的中小学也组织学生代表出国研学旅行。

针对我国中小学出境研学旅行活动增多的情况，为了规范管理，2014年7月，教育部颁布了《中小学学生赴境外研学旅行活动指南（试行）》（简称《指南》）。《指南》规定：中小学学生赴境外研学旅行在学期中或者假期，应采用集体旅行和集中住宿方式，到境外学习语言和其他短期课程，开展文艺演出和交流比赛，访问友好学校，参加夏（冬）令营等开拓学生视野，有益学生成长的活动；境外研学旅行要与中小学教育教学计划统筹安排，具有明确、有益的教育目的和适当、周密的教学内容，把素质教育和体验学习贯穿

① 2019年汉语桥——英国培优项目来华夏令营启动　发展英国中学中文教学，https://news.uibe.edv.cn/info/1365/38846,htm，访问日期：2019年7月10日。

始终；境外研学旅行的教育教学内容和学习时长所占比例一般不少于在境外全部行程计划的1/2，要注重活动特色，丰富教育内容，可以选择或者包含环保、科技、人文、自然、历史、文学、艺术、体育等主题活动。

《指南》对出游时间则规定，一般小学生不宜超过3周，中学生不宜超过6周。每次活动安排不宜超过2个国家，每个国家的参访城市不宜超过4个。除非特别需要，不宜组织跨国多地的境外研学旅行活动。

对出游团队的师生比，《指南》也作了严格的规定，要求赴境外研学旅行团组配备随团带队教师，并指定1名带队教师为领队。团组的带队教师与学生的比例一般不低于1:10——学生年龄结构偏小的团组，需酌情增派带队教师。

《指南》还规定，超过5名学生参加同一个境外研学旅行的，学校应当告知主管教育行政部门。同时，《指南》还用大量篇幅对出境游的学生安全问题作了详细要求。

从教育部颁布的《指南》可以看出，国家强调在确保学生安全的情况下，鼓励学校规范组织中小学生开展境外研学旅行活动。

3. 国家对中小学研学旅行给予政策及经济支持

随着世界发达国家中小学研学旅行教育发展与管理日趋规范，中国政府和教育部对我国中小学研学旅行教育高度重视，先后出台了系列文件，迅速推动我国中小学研学旅行教育步入规范发展的新阶段。

2013年2月，国务院办公厅印发《国民旅游休闲纲要（2013—2020年）》，提出了“逐步推行中小学生研学旅行”的设想。

2014年7月，教育部颁布《中小学学生赴境外研学旅行活动指南（试行）》，对研学旅行的内容、地点、师生比、学与行的比例、安全措施等都作了详细要求。

2014 年 8 月，国务院发布《国务院关于促进旅游业改革发展的若干意见》，要求积极开展研学旅行教育活动，要按照全面实施素质教育的要求，把研学旅行、夏令营、冬令营教育活动等作为青少年爱国主义教育、革命传统教育、国情教育的重要载体；要把研学旅行教育纳入中小学生日常德育、美育、体育教育范畴，增进学生对自然和社会的认识，培养其社会责任感和实践能力。

2015 年 8 月，国务院办公厅颁布《国务院办公厅关于进一步促进旅游投资和消费的若干意见》，要求建立健全研学旅行安全保障机制，并要求旅行社和研学旅行场所在内容设计、导游配备、安全设施与防护等方面注意青少年学生特点，寓教于游，加强国际研学旅行交流，规范和引导中小学生赴境外研学旅行活动开展。

2016 年 11 月，教育部等 11 部门联合发布的《关于推进中小学生研学旅行的意见》指出，中小学生研学旅行是由教育部门和学校有计划地组织安排，通过集体旅行、集中食宿方式开展的研究性学习和旅行体验相结合的校外教育活动，是学校教育和校外教育衔接的创新形式，是教育教学的重要内容，是综合实践育人的有效途径。

2016 年 12 月，国家旅游局发布《研学旅行服务规范》行业标准[①]。这是国家旅游局针对研学旅行实施作出的权威性规范文件，对人员配置、产品分类、服务改进、安全管理提出了明确的要求。文件还要求研学旅行机构或学校可以针对此文件查漏补缺，及时调整。

2017 年 9 月，教育部发布的《中小学综合实践活动课程指导纲要》指出，包括研学旅行在内的综合实践活动是国家义务教育和普通高中课程方案

① 科技教育司：《旅游行业标准 LB/T 054-2016 研学旅行服务规范》，https://zwgk.mct.gov.cn/zfxxgkml/hybz/202112/t20211231_930207.html，访问日期：2024 年 2 月 10 日。

规定的必修课程，与学科课程并列设置，是基础教育课程体系的重要组成部分，自小学一年级至高中三年级全面实施。

2017 年 12 月，教育部发布第一批“全国中小学生研学实践教育基地、营地”公示名单。这是我国首次官方正式公示的一批研学旅行基地，从研学旅行资源方面给全国中小学研学旅行教育活动提供了规范的学习场所。

2018 年 11 月，教育部公示了第二批“全国中小学生研学实践教育基地、营地”名单。

2019 年 1 月，中国旅行社协会与高校毕业生就业协会联合发布《研学旅行指导师（中小学）专业标准》，对研学旅行指导师专业素养提出了基本要求，对引领研学旅行指导师的专业发展及研学旅行指导师的培养、准入、培训、考核等具有重要意义。

2019 年 10 月，教育部发布《普通高等学校高等职业教育（专科）专业目录》，2019 年度增补专业共 9 个，自 2020 年起执行。增补专业包含研学旅行管理与服务专业。全国首批 17 所高校 2020 年正式开始招生。

2019 年 11 月，中共中央、国务院颁布的《新时代爱国主义教育实施纲要》指出，应广泛组织开展实践活动，丰富新时代爱国主义教育的实践载体，建好用好爱国主义教育基地和国防教育基地，并依托自然人文景观和重大工程开展教育，寓爱国主义教育于游览观光之中，通过宣传展示、体验感受等多种方式，引导人们领略壮美河山，投身美丽中国建设。

2020 年 3 月，中共中央、国务院发布《关于全面加强新时代大中小学劳动教育的意见》，对全面贯彻党的教育方针和加强大中小学劳动教育进行了系统设计与全面部署。

2020 年 6 月，教育部公布了《普通高中课程方案和语文等学科课程标准》，明确规定劳动为必修课程，共 6 学分——其中志愿服务 2 分，学生在课外时间进行，3 年内不少于 40 小时。方案还提出了体育与健康的必修内容，要求必须在高中三学年持续开设。

2020 年 9 月发布的《农业农村部办公厅 教育部办公厅关于开展中国农民丰收节农耕文化教育主题活动的通知》指出，力争用 3 至 5 年时间，打造一批中国农民丰收节农耕文化实践教育基地，形成一批实践教育活动品牌。

各省（区、市）教育厅也相续出台了中小学研学旅行相关的系列文件。

由上述系列文件可以看出，我国中小学研学旅行已经进入各阶段教育体系，由国家统筹规划研学内容，规范研学实施细则，明确安全措施，培养大专层次的研学旅行管理与服务专业人才，壮大研学导师队伍，确保中小学研学旅行教育环节健康有序发展。

4. 全国积极开展中小学研学旅行活动

研学旅行是一种目的（或目标）明确的学习方式，也是一种开放式研学课程的教育方式。这种学习方式可以通过学生亲身参与实地考察和实际活动，激发学生对思政教育内容的吸收，帮助学生形成正确的人生观、世界观、价值观。同时研学内容涵盖多个学科领域的知识，不但需要学生进行跨学科思考和学习，还需要学生具备团队协作、相互沟通、创新思考、科学决策等能力，从而构建自己的知识体系。

研学旅行教学形式的开展深受学生喜爱和家长支持，如今在火车站、机场、游学基地、名胜景点都可以看到一队队身穿统一服装的中小学游学旅行团。

研学旅行具有多样化教育的魅力，必将进一步推动教学方法的创新，培养学生解决问题的能力和创新思维、批判性思维等综合能力，必将在教育改革中发挥积极作用。

第三章　我国研学教育模式的发展

一、我国研学教育模式的主要形式

研学教育强调实践和实地探索，教育形式多样，既可以让学生实地参观考察，也可以让学生参加社会活动、社会服务、文化体验、科技活动，走进大自然，并参加国际交往活动，开展研学旅行等。

研学教育模式的基本形式主要有三种，即研学旅行、研学模式的教学活动和研学实践（见图 3-1）。

研学旅行是研学教育模式的一种主要教学形式。目前，我国可供中小学生开展研学旅行活动的基地数量很多，内容也很丰富，中小学可以根据不同的研学目标选择相关的研学基地：参观革命历史遗址和纪念馆，学生可以更加深入地了解党的历史和革命历程，认识到革命先烈为民族独立和人民幸福所作出的巨大牺牲与贡献，培养爱国主义精神；参观历史文化遗址，可以帮助学生了解国家的历史和文化，感受不同地域的风土人情和文化特色，增强爱国爱民情怀和文化自信；参观科学研究机构，学生可以了解学科前沿，拓宽知识视野，增强学术素养；通过完成研学课程任务，可以培养学生独立思考、团队合作、理论联系实际解决问题的能力；通过研学旅行活动，可以提高学生的社会适应能力和创新思维与批判性思维能力。

研学模式的教育活动按照国内和境外分类：国内主要开展的是研学模式下

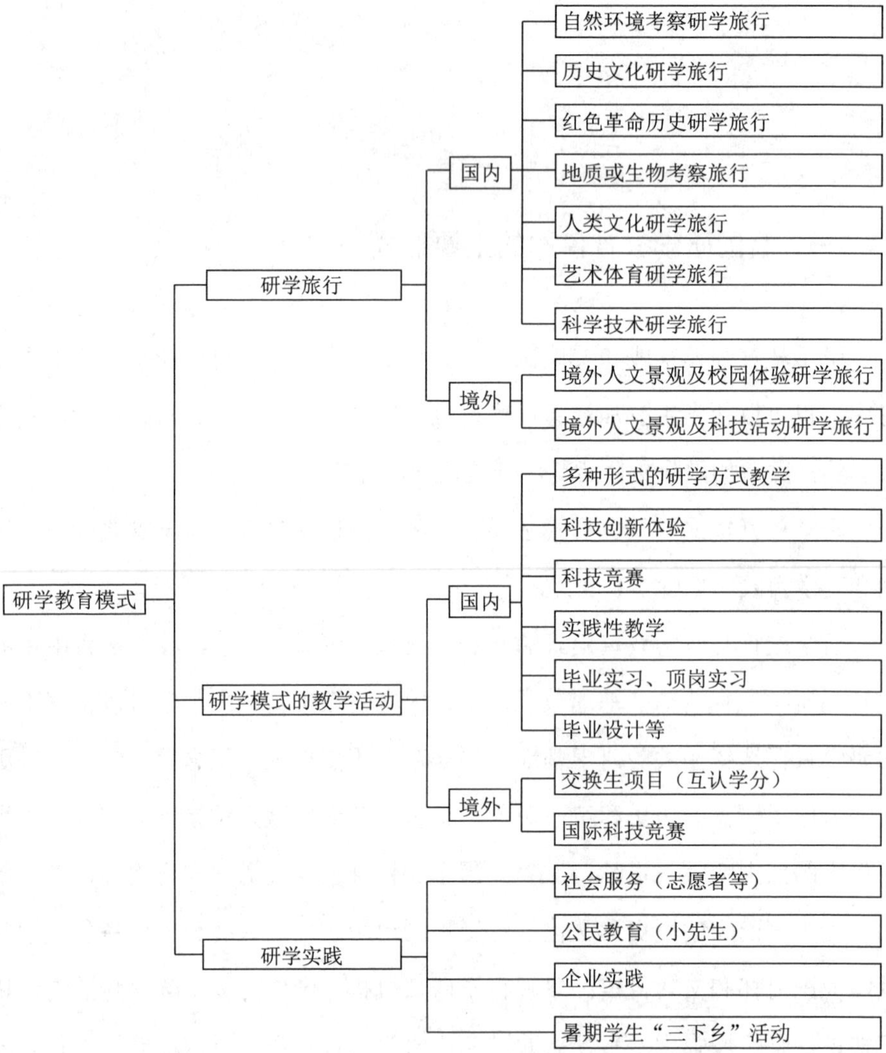

图 3-1　研学教育模式的主要形式

多种形式的教学活动（在后面章节会以案例方式说明）、科技创新体验、实践性教学、毕业实习或顶岗实习、毕业设计、大学生 SRT 计划项目课题、大学生创新竞赛、大学生科技竞赛等；境外主要包含合作学校之间互派交换生（双方互认学分）、国际科技竞赛、国际技能竞赛等。

研学实践包括社会服务，如志愿者活动、公民教育（小先生）、中小学生参与社区垃圾分类等活动的宣讲等；企业或社会实践活动，如大学生暑期“三下乡”活动、大学生社会调研、企业调研等。

二、我国中小学研学旅行教育发展策略

在国家高度重视和教育部指导下，我国中小学研学旅行教育活动已成为中小学教育体系的重要组成部分。学校为完成所承担学段的教育任务，必须开展研学旅行教育活动。这个举措让中小学研学旅行教育在祖国各地轰轰烈烈地开展起来，据相关统计，每年应当有 1 亿名学生参加研学旅行教育活动。

1. 教育部教基一〔2016〕8 号文件的有关规定

国家高度重视中小学生综合素质，大力推进中小学生研学旅行教育活动，2016 年发布的《教育部等 11 部门关于推进中小学生研学旅行的意见》[①]，对中小学生研学旅行教育活动的诸多问题都作了明确规定。

关于中小学生研学旅行教育活动的目的，文件明确指出，是帮助中小学生了解国情，热爱祖国，开阔眼界，增长知识，着力培养他们的社会责任感、创新精神和实践能力。

---

① 教育部：《教育部等 11 部门关于推进中小学生研学旅行的意见》，教基一〔2016〕8 号，2016 年 12 月 2 日。

关于中小学生研学旅行的重要意义。文件对中小学生研学旅行教育活动的定位是，由教育部门和学校有计划地组织安排，通过集体旅行、集中食宿方式开展的研究性学习和旅行体验相结合的校外教育活动，是学校教育和校外教育衔接的创新形式，是教育教学的重要内容，是综合实践育人的有效途径。

关于中小学生研学旅行的工作目标。文件指出，以立德树人、培养人才为根本目的，以预防为重、确保安全为基本前提，因地制宜开展研学旅行，让广大中小学生在研学旅行中感受祖国大好河山，感受中华传统美德，感受革命光荣历史，感受改革开放伟大成就，增强对“四个自信”的理解与认同；同时学会动手动脑，学会生存生活，学会做人做事，促进身心健康、体魄强健、意志坚强，促进形成正确的世界观、人生观、价值观，培养他们成为德智体美劳全面发展的社会主义建设者和接班人。

关于中小学生研学旅行的基本原则。文件规定了四项原则：一是教育性原则。研学旅行要结合学生身心特点、接受能力和实际需要，注重系统性、知识性、科学性和趣味性，为学生全面发展提供良好成长空间。二是实践性原则。研学旅行要因地制宜。三是安全性原则。研学旅行要坚持安全第一，确保学生安全。四是公益性原则。研学旅行属于公益性活动，不允许以营利为目的的经营性创收。

关于中小学生研学旅行的主要任务。文件要求，各地教育行政部门要加强对中小学开展研学旅行的指导和帮助，各中小学要结合当地实际，把研学旅行纳入学校教育教学计划，与综合实践活动课程统筹考虑，促进研学旅行和学校课程有机融合，精心设计研学旅行活动课程。

关于中小学各学段开展研学旅行教育的时间，文件规定，学校应根据教育教学计划，灵活安排研学旅行时间，一般安排在小学四到六年级、初中一到二年级、高中一到二年级，研学旅行活动时间要避开旅游高峰期。

关于中小学开展研学旅行教育活动的范围，文件要求，学校应根据学段特点和地域特色，逐步建立小学阶段以乡土乡情为主、初中阶段以县情市情为主、高中阶段以省情国情为主的研学旅行活动课程体系，加强研学旅行基地建设。文件还要求各地教育行政部门和中小学要探索制订中小学生研学旅行工作规程，做到“活动有方案，行前有备案，应急有预案”，健全经费筹措机制，建立安全责任体系。

关于中小学生研学旅行的组织保障。文件要求，各地成立由教育部门牵头，发改、公安、财政、交通、文化、食品药品监管、旅游、保监和共青团等相关部门及组织共同参加的中小学生研学旅行工作协调小组，并建立健全中小学生研学旅行评价机制，把中小学组织学生参加研学旅行的情况和成效作为学校综合考评体系的重要内容，同时积极创新宣传内容和形式，向家长宣传研学旅行的重要意义，向学生宣传“读万卷书，行万里路”的重大作用，为研学旅行工作营造良好的社会环境和舆论氛围。

2. 我国研学旅行相关问题分析

（1）研学旅行教学活动的主体

中小学是组织开展研学旅行教学活动的主体，承担设计研学旅行活动课程内容和组织实施研学旅行教学活动（见图 3-2）。

文件规定，各地教育行政部门要加强对中小学开展研学旅行的指导和帮助，各中小学要结合当地实际，把研学旅行纳入学校教育教学计划，与综合实践活动课程统筹考虑，促进研学旅行和学校课程有机融合，精心设计研学旅行活动课程，做到立意高远，目的明确，活泼生动，学习有效，避免“只旅不学”或“只学不旅”现象；学校可自行开展研学旅行，但要根据需要配备一定比例的学校领导、教师和安全员，也可吸收少数家长作为志愿者，负责学生活动管理和安全保障，与家长签订协议书，明确学校、家长、学生的责任与权利。学校也可委托开展研学旅行，但要与有资质、信誉好的委托企业或机构签订协议书，明确委托企业或机构承担学生研学旅行的安全责任。

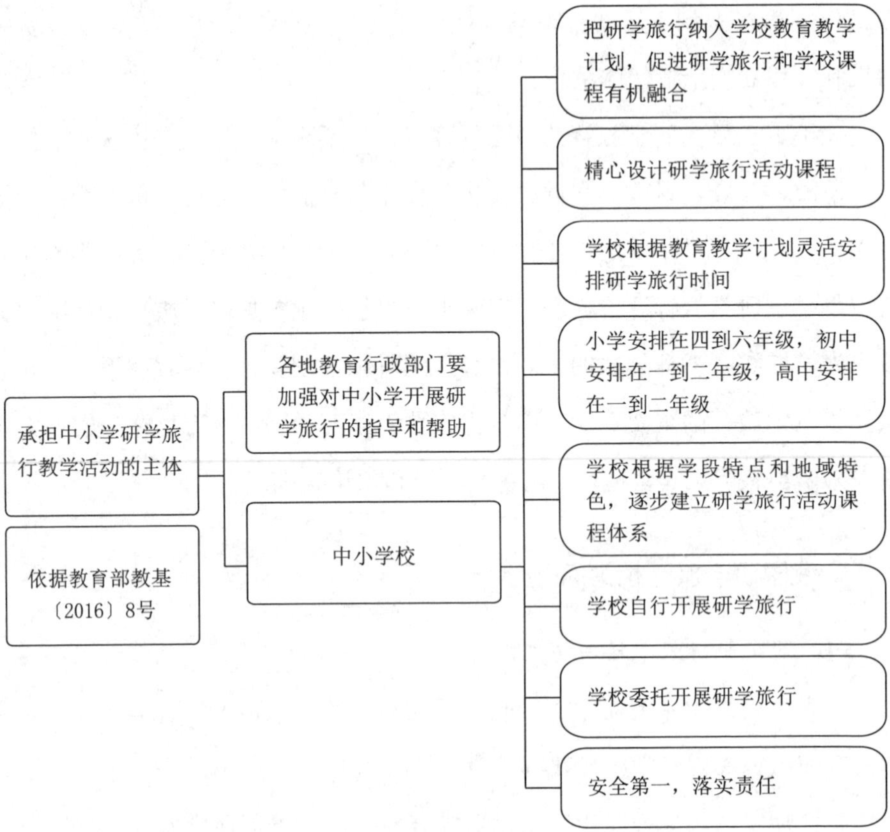

图 3-2　研学旅行教学活动的组织开展

（2）我国每年参加研学旅行的学生人数及特点

根据教育部发布的《2022 年教育事业统计》显示，截至 2022 年，全国所有学生数量总共为 2.223 8 亿，其中小学生人数达 1.08 亿，小学有 6 个年级，每个年级大约有 1 800 万小学生；初中生共有 5 018.44 万人，初中有 3 个年级，每个年级大约有 1 672.81 万人；高中阶段有 2 605.03 万人，高中有 3 个年级，每个年级大约有 868.34 万人。根据教育部教基一〔2016〕8 号文件关于中小学生可以安排研学旅行的年级规定，小学四年级以上人数为 5 040 万人，初中一、二年级为 334 563 万人，高中一、二年级为 173 668 万人。仅 2022 年，可以参加中小学生研学旅行的人数就达 1 012 231 万人[①]。据此粗略计算，我国每年应该参加研学旅行的中小学生人数约有 1 亿人。这是一个庞大的集体外出活动群体，并具有未成年儿童、少年、青年的心智特征，且缺乏生活经验和社会经验；加之我国中小学研学旅行是在 2022 年下半年开始普及，2023 年全国各地才全面开展中小学生研学旅行教学竞赛活动，根据目前情况，研学旅行活动呈现如下特点：一是参加研学旅行活动的学生人数每年多达 1 亿人，二是组织、研学、服务、接待方面经验不足，三是研学课程设计、教学实施、教学方法缺乏经验。

（3）教育部遴选研学旅行基地

为了保障中小学研学旅行教学活动规范开展，教育部颁布了系列文件，在全国遴选了首批适合中小学生研学实践的教育基地。2017 年，教育部发布《教育部办公厅关于公布第一批全国中小学生研学实践教育基地、营地名单的通知》，公布了第一批“全国中小学生研学实践教育基地”，名单包括中国人民革命军事博物馆等中小学生研学实践教育基地共 204 个。

通知要求各省级教育行政部门要指导各地各校充分利用研学实践教育基地、营地，组织开展丰富多彩的研学实践教育活动，帮助广大中小学生感受祖国大好河山，感受中华传统美德，感受革命光荣历史，感受改革开放伟大

① 中华人民共和国教育部：《2022 年全国教育事业发展统计公报》，http://www.moe.gov.cn/jyb_sjzl/sjzl_fztjgb/202307/t20230705_1067278.html，访问日期：2024 年 2 月 17 日。

成就，激发学生对党、对国家、对人民的热爱之情，培养中小学生的社会责任感、创新精神和实践能力。

首批研学实践教育基地涵盖了军事、航空、消防、海事、水利、地质、革命史、农业、水产、石油、人文、历史、生物、核工业、检疫、质量检测、天文、气象、地震、中医药、自然等众多领域，分布在全国各地，可以接待全国各地中小学生参加研学实践活动。2018 年，教育部发布《教育部办公厅关于公布 2018 年全国中小学生研学实践教育基地、营地名单的通知》，公布了第二批“全国中小学生研学实践教育基地”，名单包括中国人民解放军海军南海舰队军史馆等 377 个单位，同样涵盖众多领域，为各地中小学生提供了更加丰富的研学实践内容。

（4）旅行社和研学旅行机构承担研学旅行活动成为主流

目前，组织研学旅行活动有两种方式：一种是学校自行开展。根据教育部的文件规定，学校自行开展研学旅行要根据需要，配备一定比例的学校领导、教师和安全员，也可吸收少数家长作为志愿者，负责学生活动管理和安全保障，与家长签订协议书，明确学校、家长、学生的责任与权利。另一种方式是学校委托开展研学旅行。教育部的文件规定，要与有资质、信誉好的委托企业或机构签订协议书，明确委托企业或机构承担学生研学旅行的安全责任。

从以上两个方案对比看出，大多数学校都会选择第二种方法，委托研学旅行机构或旅行社承担研学旅行活动，研学旅行的安全问题交由旅行社负责。由此，旅行社或研学旅行机构承担研学旅行活动成为主流。承担研学旅行活动的旅行社需要从成人旅游服务转型到研学旅行服务，他们既缺乏研学旅行导师、研学旅行课程设计与实施经验，也缺乏面向儿童和青少年服务的经验，使得一部分研学旅行活动存在“游大于学”的现象。为此，教育部提出了“研学优”的问题。学生参加活动的评价也存在简单通用现象，以及安全隐患问题等。

（5）研学旅行活动的安全问题

教育部颁布的多个文件都始终强调了“安全第一”的重要性，但近几年开展研学旅行活动以来，依然有学生伤亡事故发生。仔细分析各件事故的原委，有很多都是可以避免的。

中小学生正处于好奇、好动、自我约束能力弱的阶段，老师和导游的一切活动都必须和孩子们在一起，这样可以方便观察学生的活动情况，避免发生危险。

研学旅行是学校组织的学习活动，家长把孩子交给学校，离开家长的这段时间，学校老师就是孩子的临时监护人，学校应真正担负起孩子的安全职责。虽然学校把研学旅行活动委托给旅行社，并由旅行社承担学生的安全问题，但旅行社也只能承诺负责与保险公司对接，解决追讨保险赔付资金的责任。家长需要的是孩子能安全回家，国家需要孩子安全健康地成长，希望通过研学旅行活动把学生培养成综合素养更加完善的人才，学生安全永远应该放在首位。①

参加研学旅行的主体是中小学生，他们的年纪小，虽然出行前都进行了安全教育，但其年龄正处于自控能力差、自我保护意识弱的阶段。研学旅行活动让学生集体走出户外，激发了他们兴奋、活泼、好动、好奇的特点，不可避免地增加了发生安全事故的潜在风险，如突然被周围小动物、小鸟、小花等吸引驻足观看，察觉到队伍走远了又奔跑追赶；或者是目光被周围的景、物、人等吸引，边走边看，为了跟上队伍脚步很快，摔伤、崴脚等事故也时有发生。

---

① 郑向敏、谢朝武：《旅游安全蓝皮书：中国旅游安全报告（2020）》，社会科学文献出版社，2020，第 254—264 页。

大部分旅行社也是2022年才陆续开始承接中小学生研学旅行活动的，经验严重不足，对不同年龄段孩子们的特点并不很了解。由于全国中小学研学旅行教育活动刚刚开始，并且规模巨大，承接这项任务的旅行社要认真总结经验，不能把对成人导游的经验用到中小学研学旅行中来，要主动分析全国研学旅行中已经发生的事故原因，设计出类似情况的应对措施。针对近几年多起学生在研学旅行中伤亡的事例，更应该重点分析研究。为了避免类似事件发生，根据中小学生好奇、好动的特点，旅行参观过程中应提醒学生行走速度要放慢，尤其是路面变窄的时候要格外预防因拥挤摔伤的问题。同时，应该有一名教师走在队伍的最后，关照掉队的学生。为避免食品安全问题发生，要吸取已有的教训，可以定点与商家签订购买合同，确保食品安全有保障。老师和研学旅行社人员应和学生一起吃饭，一起行动，避免学生伤亡事故发生。

研学旅行指导师要改变服务成人导游的工作习惯，了解中小学生心理和生理特点，努力成为学生的朋友和他们心目中的好老师，成为安全无事故的研学旅行指导师。

同时，学校不能完全把研学旅行活动委托给旅行社，完全由旅行社承担学生的安全问题，而不考虑自身责任。学校和旅行社应专门研究出游的安全保障方案，可以根据教育部规定，安排一定比例的老师和旅行社的研学导师负责学生的安全。学生和老师（含研学导师）应按比例分成小组，每组 1 名老师。师生比为 1:10 左右比较合适，但小学四年级第一次出游应小于等于 1:10，高中可以大于等于 1:10，但最多不能大于 1:20。整个行动过程中，老师都应和小组学生在一起，包括用餐。行走在路上，老师应走在本小组学生的后面，便于关照学生的安全。

自教育部启动中小学研学旅行教育活动以来，全国各地中小学生研学旅行活动正快速开展，在培养学生综合素质方面发挥了重要作用，得到了社会各界和家长的认可与支持。教育部反复强调研学旅行安全第一。安全问题同样是社会关注的大问题，更是家长最关心的问题，每个孩子都是一个家庭的焦点，很多家长都表示愿意让孩子参加研学旅行增长见识，学会团队合作，增进师生间的友谊，但他们最担心的就是安全问题，强烈希望研学旅行活动结束后学校要把孩子完好无损地带回来。

（6）培养研学旅行指导师专门人才

为了满足全国中小学生研学旅行教育活动高质量发展对研学旅行指导师专门人才的需求，2019 年，教育部增设了高职研学旅行管理与服务专业，专业代码为 640107，学科门类归属于旅游大类。在培养人才过程中，应严格遵照 2022 年《中华人民共和国职业分类大典》中的研学旅行指导师职业能力等级评价标准，设计研学旅行课程，使该专业学生毕业踏上工作岗位后，能够成为优秀的研学旅行导师或研学旅行管理精英。与此同时，也希望培养该专业的高校教师在教学和科研方面不断提升，不断提高学生的研学旅行教育能力，为推动我国研学旅行事业的发展贡献力量。

3. 我国研学旅行教育发展策略

（1）对研学旅行社的建议

中小学生研学旅行教育已被纳入各学段的课程体系，也就是说，研学旅行教育已经成为中小学生的必修课。据统计，目前，每年需要参加研学旅行教育活动的学生大约有 1 亿人，这就意味着需要大批研学旅行社来承接这项工作，同时需要研学旅行管理与服务专业毕业的专业人才，或者是旅游专业接受过研学旅行培训的人才，担任研学旅行指导师和研学旅行管理工作。

目前，很多中小学的研学旅行教育活动都是由研学旅行公司（或旅游公司）承接，为了尽快提高研学旅行教育活动质量，提升研学旅行公司的社会影响力，笔者提出以下四点建议。

第一，有意承担中小学研学旅行教育活动的旅游公司转型为研学旅行公司，或者在旅游公司之下成立专门的研学旅行子公司或研学旅行部门，并配备专门的研学旅行管理人才和研学旅行指导师，专人做好研学旅行教育活动，专心研究中小学研学旅行教育，掌握研学的教学方法。只有这样，才能不断提高研学旅行教育活动的服务质量。

第二，负责承担研学旅行管理或服务的人员要固定，要不断学习、交流。公司要承担研学旅行管理，为研学导师多创造学习交流机会，不断提升公司的服务质量。

第三，承担研学旅行教育活动的公司应尽快引进研学旅行管理与服务专业毕业生，充实研学旅行指导师队伍。

第四，承担研学旅行活动的公司在研学旅行课程开发、研学手册开发、学生学习评价等方面，应主动邀请中小学教师代表和培养研学旅行管理与服务专业的高校老师，参与研学旅行活动的课程设计、研学手册开发、学生学习评价等方面的研讨。

（2）开展研学旅行活动的学校应把好研学课程内容关

研学旅行能够拓宽学生视野，增强学生的实践能力和创新意识，备受社会各界高度关注。中小学生研学内容应以各学段已有知识水平和可接受新信息的能力为准，设计研学课程项目。在这方面，学校老师更能把握好哪些知识是学生已知的，通过参加研学旅行活动学生可以获得哪些知识和能力，因而，学校要安排老师和研学旅行公司的研学旅行指导师研讨研学课程的内容设计，争取学生的学习收获最大化，达到从“研学游”到“研学优”的转变。

研学旅行点的选择最好是首选教育部批准公布的 581 个研学基地，这些基地分布在全国各地，涵盖广泛领域，研学内容比较成熟和规范，非常适合低年级学生研学。

（3）安全保障策略

中小学校必须对委托承担学生研学旅行教育活动的研学旅行机构全面考察，公司应有相应资质，研学旅行指导师应有上岗证，公司应出具研学旅行活动多年无事故证明资料。

研学旅行机构在制订行程过程中，应认真安排优质交通工具、安全的住宿和餐饮等，负责学生在研学旅行中的安全等。行前应根据活动路线和内容做好安全措施预案。

学校应指派带队老师对旅行社的研学旅行教育活动服务过程进行监督，对学生进行教育和管理等。学校带队负责人要及时提醒导游可能发生的事故隐患，如行进速度快，尤其是路窄的地方更要注意放慢速度等。

建议校方老师和研学导师应平均分派到各学生大组，负责关照各大组学生的安全。学生小组一般是5人，小学的学生大组最好是2个小组，初中的学生大组一般不超过3个小组，高中的学生大组一般不超过4个小组。同时，研学旅行机构人员和校方老师应与学生在大厅共同用餐，防止学生发生意外。

（4）对学生研学效果的评价策略

研学旅行学习活动本身是一种注重过程的学习方式，在评价体系中，应采用多维度的评价方式。研学旅行课程的本质，在于学生要运用已有的知识通过实践完成研学任务，以获得新知识、新方法，积累新经验。所以，对学生学习效果的评价重点是过程评价，应主要评价学生在研学过程中行动能力和成果汇报的效果。由于每个学生原有的知识面不同，解决问题的能力和途径可能不同，不要苛求学生达到统一效果，主要评价学生在研学过程中的学习态度，是否达到预期收获，并对学生采用鼓励性评价，充分调动学生的学习积极性。

（5）研学旅行指导师教学质量评价

研学旅行教学质量的评价是为了获得研学教育质量的反馈信息，以便及时弥补不足，不断提升教学质量。

由于研学旅行课程是注重过程的教学方式，教学质量的评价应该是综合的多维评价：可评价课程设计学前任务单，内容涉及的知识和信息是否符合该学段学生的认知水平；可评价课程教学过程使用的教学方法是否与研学内容吻合；可评价学生能否按照预定的学习目标完成学习任务，学习结束时学生是否获得预期知识、经验与创新思维；可评价学习过程是否能够激发学生的学习积极性；可评价研学旅行指导师在教学中能否对学习能力不同的学生采用因材施教的方式，让每个学生都有学习收获等。

（6）研学旅行服务质量评价

研学旅行社应根据《研学旅行服务规范》，构建包括讲解、教育、交通、食宿、医疗及救助等服务要素的研学旅行服务能力综合评价体系，自己主动评价，以发现不足及时改正，不断提高研学旅行服务质量。

活动结束后，应通过问卷请学校老师评价，内容要包含以下几个方面：一是活动行程是否与合同约定一致；二是对旅行社人员的满意度，包括项目负责人、安全员、研学旅行指导师、导游等；三是对旅行交通、研学场所、住宿、餐饮等服务机构的人员，包括司机、研学场所服务与管理人员、食宿服务与管理人员等的满意度；四是研学内容和教学效果的满意度；五是对安全保障措施的满意度等。

此外，活动结束后，还应通过问卷及访谈请学生家长评价，内容可以包含研学线路和研学基地的满意度，对研学内容的满意度，对研学导师教学方式的满意度，对吃住行的满意度等。

（7）加快培养优秀研学旅行指导师

在国家高度重视和教育部指导下，研学旅行教育活动已经成为中小学教育体系的一部分，每年都有 1 亿名学生需要参加研学旅行教育活动，全国需要一大批为这项活动服务的专门人才。虽然教育部已经安排了部分高校培养研学旅行方面人才，且 2023 年 8 月首批毕业生已经踏入工作岗位，但全国各地需要参加研学旅行的中小学生人数非常多，短期内能到岗从事研学旅行服务的人才尤其是研学旅行指导师依然紧缺。研学旅行社应组织专业相近人员参加相关培训，获取研学旅行指导师资格证书，充实研学旅行导师队伍；同时，研学旅行社还应不断总结经验，发现研学旅行服务中的不足之处，及时想办法弥补和改进。总之，研学旅行社要树立加块培养一支优秀研学旅行指导师队伍的意识。

（8）研学旅行监督机构

研学旅行活动已经成为中小学教育体系的一部分，每年有大批中小学生参加研学旅行教育活动，这个教育环节已经成为我国基础教育中综合素养培育的重要途径。

目前，研学旅行活动已经轰轰烈烈地开展起来，但由于研学旅行教育刚刚起步，不可避免地存在不足，需要通过第三方监督和评估，指导研学旅行教育步入正轨，高质量地快速发展。研学旅行教育开发较早的美国、澳大利亚、日本等国家在中小学开展研学旅行的同时，都成立了第三方研学旅行监督机构，负责指导研学旅行规范开展。我国研学旅行活动的特点是参加研学旅行活动的学生人数非常多，而研学旅行事业处于初始阶段，缺乏经验和研学旅行指导师。因此，建议我国尽快建立教育部指导下的第三方研学旅行教育监督机构，负责指导、评价、研究研学旅行教学活动。

(9) 研学旅行研究探讨活动应积极开展

目前，我国部分省、市已经建立了由教育厅牵头的研学旅行协会，负责搜集整理分析一年来省、市研学旅行的各种数据，并承担协调相关旅行资源的工作。

由于研学旅行教育工作比较特殊，希望国家教育部和各省教育厅每年定期召开研学旅行教育的研讨大会，同时设立若干分会场，研讨研学旅行活动的服务问题、旅行课程开发、教学方法、研学旅行导师培养、旅行活动质量评价体系、旅行活动安全问题等，并邀请研学服务机构和开设研学旅行管理与服务专业的高校、研学基地等单位人员参会，同时欢迎社会各界人员通过提交参会论文的方式参加会议。

我国研学旅行教育活动虽然刚起步，但参与人数直线上升，无论是学校还是研学旅行社都缺乏经验，有必要通过各界专家共同研究和探讨，促使研学旅行教育活动健康快速发展。

第四章　研学模式教育方法

社会发展和科技进步不断对教育提出新要求，教育模式不断改进，以适应新时代各类人才的培养，研学模式的教学方法便应运而生。

研学是一种以学生为中心，通过探究、实践等方式进行的学习活动，可以融合科学、文化、艺术、体育等各个领域，旨在培养学生的综合素质，提高学生的创新和创业能力。研学模式教育包含研学实践、研学旅行和研学模式教学三种形式（见图 4-1）。

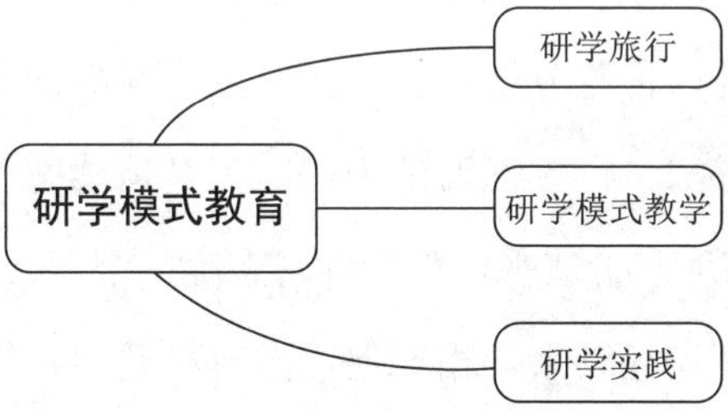

图 4-1　研学模式教育的形式

近几年，教育部把研学旅行教育纳入中小学教育体系，研学旅行成为中小学生的必修课。教育部把这个教学模式命名为“研学旅行”，精准地定位了这个教学环节是由“研学 + 旅行”两部分内容结合在一起的。旅行模式人们已非常清楚，研学模式的教育方法应该如何定位和施教，则需要教育工作者（包含研学旅行指导师）熟悉并掌握。

一、研学模式的教育形式

研学模式教育是一种以实践为主导，以学生为主体，以培养学生能力为核心的教育模式。研学模式教育不局限于固定场合施教，可以是学校内，也可以是学校外，还可以是校内校外环境相结合。根据研学模式教育形式的含义，只要符合以实践为主导，以学生为主体，以培养学生能力为核心，学生自主完成学习任务的教学方法，都可以归纳为研学教育模式。这样的教学方法有很多种。

研学模式教育可以培养学生三个维度的能力，在设计课程时首先要考虑该课程能否实现研学目标三个维度的能力，即知识与技能维度、过程与方法维度、情感态度与价值观维度。三个维度的能力目标如下：一是知识与技能目标，指学生应掌握的基本知识和基本技能，包括学科知识、思维能力、问题解决能力等；二是过程与方法目标，指学生应掌握的学习过程和方法，包括学习策略、学习方法、自主学习能力等；三是情感态度与价值观目标，指学生应形成的情感态度与价值观，包括学习态度、个人品质、社会责任感等。

三维目标是一个相互联系、相互促进的有机整体，旨在全面培养学生的社会主义思想道德修养，提高学生的综合素质和能力，培养具有创新精神和实践能力的新一代人才。

二、研学模式的教学设计

1. 研学模式教学设计思路

科技的快速发展对人才的能力提出了更高要求，各学段学生需要接受更多、更复杂的知识和信息及技能培训。教育改革必须深入推进，传统的以知识灌输为主的教学方法已经无法满足现代教育的需求。研学模式教学作为一种以学生为中心的教学方法，能够提高学生的综合素质，拓宽学生的视野，增强实际操作能力，有利于培养具有创新精神和实践能力的人才。

研学模式教学注重学生的自主学习和探究，引导学生通过问题解决、团队合作、思维创新、积极沟通等方式，增强学生的实践能力，激发学生的学习兴趣，让学生亲自体验和探索，帮助他们发现和理解知识与现实生活之间的联系，提高知识运用的能力。

研学模式的教学方法适用于幼儿园到大学任何学段的教学。运用研学模式的教学方法，学生能够获得三个维度的综合素质的培养，这是传统的课堂说教形式不能达到的效果，受到了各级学校的高度重视与应用。

研学模式教育课程设计思路如下。

（1）研学目标确定

确定研学任务及目标，研学任务要能为后续研学活动提供指导。研学任务及目标应具有明确性、具体性、可衡量性和可达成性，同时要与学校的教育内容、教育理念和学生的实际情况相结合。

（2）研学对象分析

要了解学生的原有知识、经验等实际情况，为研学内容设计和研学活动规划提供依据。通过对学生年龄、性别、兴趣爱好、学习风格、能力水平等方面的了解，开发的研学任务才可以为不同学生提供适合的研学内容和活动。

（3）研学内容规划

研学内容设计要根据研学课程和研学学生的情况，设计适合的研学内容和活动。研学内容应具有针对性、综合性、探究性和实践性，能够培养学生的创新精神和实践能力，同时要与学科教学和日常生活相结合。

（4）研学活动设计

根据研学内容和参加研学的学生情况，设计适合的研学教育模式的活动形式和流程。研学活动应具有互动性、趣味性、体验性和实践性，能够激发学生的学习兴趣和主动精神，同时要与研学内容相匹配。

（5）研学过程管理

研学过程管理是确保研学活动能够顺利进行并达到研学目标的保障。通过对研学活动的计划、组织、协调、监督和控制，实现对研学活动的全面管理，确保研学活动的质量。

（6）研学成果评估

研学成果评估是研学教育模式的重要环节。通过对学生知识、能力、素质等方面的评估，了解学生的进步和成长，同时为后续的研学活动提供反馈和改进依据。评估方法应具有多样性、客观性和科学性，能够全面反映学生的实际情况和水平。

（7）研学资源整合

研学资源整合是研学教育模式教育的重要准备工作。整合各种资源，为研学活动提供支持和保障，包括师资力量、教学设备、场地设施、校内外资源等。通过资源整合，提升研学活动的效率和效果。同时要合理利用社会资源和企业资源，加强与外界的合作和交流，为学生提供更广阔的学习和发展空间。

另外，研学教育模式对教师的专业素养和教育能力提出了更高要求，包括教师的专业背景、教育教学能力、组织协调能力等方面。教师要不断探索教学方法，提升自己的专业素养和教学能力，才能更好地指导和引导学生进行探究式学习与实践。同时，学校也应加强教师评价和激励机制建设，提高教师的积极性和工作热情。

2. 研学模式教育课程设计案例——任务教学法

我国传统的教学模式是说教式，这种教学模式在中小学已经固化，对知识点要求学生反复记忆、死记硬背，容易让学生感到枯燥乏味，失去对学习的兴趣和热情，导致学习效果不够理想。如今，各个学段的老师都在不断尝试运用新的教学方式，培养学生学习兴趣和提高学习效果，但在课程内容设计方面缺乏经验和课程体系的支撑，虽然教学方法改革取得了一些成果，但由于传统教学模式和考试制度的影响，获得理想的状态还需要一段时间。

下面根据一个真实的故事，示范开发一个任务教学法教案，供读者参考。

多年前，《中国青年报》刊登了一篇在美国做访问学者的北京女士发表的文章。她的文章大意是，她带着女儿在美国做访问学者，女儿插班读小学四年级，那里的小学没有家庭作业，放学后书包不用带回家，书都放在教室的书桌里。

有一天，女儿放学后抱着厚厚的几本书回家，女士惊奇地问："这么多书，你从哪里弄来的？你拿这么多书干什么？"女儿说："我从市图书馆借的，凭学生证就可以借到。我借来阅读，准备完成老师布置的一篇论文。"女士问："这篇论文是什么题目？"女儿回答说："我对二战的看法。"女儿的回答令她非常吃惊，因为她女儿才 11 岁，从来没写过论文，而且是研究对二战的看法。这么大的标题，这在中国人的认知中，觉得让小学四年级学生完成这个作业是不恰当的。当时，她注意到女儿借来的都是关于二战方面的书籍，心想这个论文标题这么大，她能完成吗？最后她决定不给孩子任何指导，看看老师怎么教孩子写论文。

接下来，女士观察到到孩子每天放学后都去看那些书。3 个月过去了，有一天，女儿高兴地拿着自己打印好的论文给她看。论文有 12 页纸，封面和封底自己还设计了图案，论文的格式和论述方法也都是对的。她由此感叹中国教育模式确实应该改革了。

反观我们小学四年级的作文，大都是“我难忘的一件事”“我最崇敬的一个人”“我爱我的家乡”等。目前，我们的大学生写论文都非常困难，有的大学生连请假条都写得语句不通；而美国小学四年级就开始学习写论文了，按照最低标准每年写1篇计算，小学3篇，初中3篇，高中3篇，当他们进入大学学习的时候，已经有写过至少9篇论文的经验了，完全具备观察问题、提出问题、论证问题、熟练写论文的能力了。

在这个故事中，小学四年级就写“我对二战的看法”这样大的论文。其实，这个教育环节的教学目标应该是，学会对问题的分析与研究，并能把自己的研究撰写成论文，至于作者（小学生）看问题的角度和个人的观点是否正确都不重要，重要的是写论文的过程。小学生从怎样去图书馆借书，到通过自己看书，凝练信息，构成自己对二战的看法，直到最后完成论文写作及打印成册，亲身体验了一个完整的论文写作全过程。

每个小学生借到的书籍不一样，吸引他们的信息点也不一样，对二战的看法肯定是从不同角度发表见解。当他们交流论文时，会有很多不同思想火花的碰撞，也可能会有冲突，这就培养了学生的批判性思维。但论文格式是相同的。最后的教学成果就是学生们知道了研究一个问题该如何搜集资料，怎样开展研究，怎样把自己的研究用论文的形式呈现出来。学生通过亲身实践完成了论文写作任务，其收获不仅仅是一篇论文。

这个案例是研学模式教育的实例，是一种以实践为主导，以学生为主体，以培养学生能力为核心的教育模式，是符合研学模式教学方法的，能够实现学生三个维度的能力目标。

在教学设计中，学生三个维度的能力目标是知识与技能目标，过程与方法目标，情感、态度与价值观目标，这三个维度的教学目标相互联系、相互促进，全面提高学生的综合素质。知识与技能目标是指学生在学习过程中应掌握的基本知识和基本技能，过程与方法目标是指学生应掌握的学习方法和思维能力——包括学生应具备的自主学习能力、问题解决能力、创新思维能力等，情感与价值观目标是指学生应形成的情感和价值观——包括学生应该具备的学习热情、积极态度、责任感、合作精神、集体荣誉感和社会责任感。

如果根据上述教学实例，开发一个以“我对二战的看法”为题的研学模式论文撰写教学方案、“我对二战的看法”论文撰写任务书、“我对二战的看法”论文撰写评价表，可参照表 4-1、4-2、4-3 进行。由于论文撰写是每个学生都需要完成的学习任务，学生必须亲身参与全过程，才能达到教学目的，这个学习任务无需分配给其他人员共同完成。

开发每个研学模式的课程都需要有教学方案、学习任务书、评价表（与任务书内容对应的评价表）。

表 4-1　“我对二战的看法”论文撰写教学方案

教学目标	知识与技能目标：学会问题研究方法和论文撰写基本方法
	过程与方法目标：学习完成论文研究获得信息的方式，学习在相关资料中获得自己需要的资料，学会论文的写作方法，对论文封面和封底进行个性化创新设计
	情感、态度与价值观目标：引导学生形成积极向上的人生观和价值观，培养学生的学习热情、积极态度、责任感、团队合作精神和社会责任感
教学方法	研学模式的任务教学法（也可以归纳为 OAE 模式的一种教学法）
时间安排	小学四年级下学期第 1—13 周完成
学生情况	小学四年级学生，第一次学习写论文

续表

教学步骤	按照信息、计划、决策、实施、检查、评价与展示6个教学环节分述如下
信息	第1周，教师引导学生用学生证到市图书馆借二战相关的书籍。由于学生是第一次到图书馆借书，最好是老师带着去，路上可教学生交通安全常识。在图书馆请工作人员介绍图书馆的基本情况，讲解借书流程，学生自己完成借书任务
	要求学生利用课余时间阅读所借书籍，搜集自己认为有价值的片段，并记录下来
	第1—6周，引导学生各学习小组每周交流一次近期信息搜集的收获
	第6周，老师讲解文科类论文撰写的基本内容和格式 论文题目：宜简练 作者：姓名、学校、班级，写在标题的下一行 摘要：用二三百字介绍论文的整体内容 关键词：关键词是从论文中选取出来，能表达论文中心内容并有实质意义的词汇，可选取3—5个词汇另起一行写在摘要后面 论文正文：包括引言（也叫前言或序言），用在论文的开头，概括地说明选题的目的和意义；正文是论文的主体，应包括论点、论据、论证过程和结论，是论文的主体部分 参考文献：即论文中引用的文献，应按照规定格式列出所有引用的文献作者、名称、出版社、出版日期 附录：可选部分，可以不写，内容包括重要数据、图表等
计划	第6周，学生确定论文的论点和论据
	第7周，学生完成二三百字的内容摘要
	第7周，组织学生交流内容摘要
	第8周，学生完成论文大纲
	第8周，学生交流论文大纲
决策	第8周，与老师讨论确定内容摘要和论文大纲
	老师确认通过后，可以开始写论文

续表

实施	第 8 周，老师讲解论文格式 字体和字号： 论文标题用宋体小 2 号，加粗，居中 作者信息用宋体 5 号字，居中，1.5 倍行距 摘要用宋体 5 号字，1.5 倍行距，每个段落首行空两个字符 关键词用宋体 4.5 号字，加粗，居中，1.5 倍行距 论文正文用宋体 5 号字，1.5 倍行距，每个段落首行空两个字符 页脚用阿拉伯数字设页码，居中 论文中可以使用图表来说明问题，图表用 6 号宋体字标注与说明
	第 8—11 周，论文写作，每周小组交流一次
检查	第 12 周，学生打印好论文，装订成册 小组交流检查论文是否符合要求（有的需要修改） 老师确认检查论文
评价与展示	第 13 周，老师主持论文成果展示与评价
课程设计人：	年 月 日

表 4-2 “我对二战的看法”论文撰写任务书

学习任务	撰写论文，题目是《我对二战的看法》
教学目标	知道完成论文研究获得信息的方式，学习在相关资料中获得自己需要的材料
时间安排	12 周内完成
学生情况	小学四年级学生，第一次学习写论文
信息	第 1 周，教师引导学生用学生证到市图书馆借二战相关的书籍
	利用课余时间阅读所借书籍，收集自己认为有价值的片段并记录下来
	第 1—6 周，每周小组交流一次近期收获

续表

信息	第 6 周，老师讲解文科类论文撰写的基本内容和格式 论文题目：宜简练 作者：姓名、学校、班级 写在标题的下一行 摘要：用二三百字介绍论文的整体内容 关键词：关键词是从论文中选取出来，能表达论文中心内容并有实质意义的词汇，可选取 3—5 个词汇另起一行写在摘要后面 论文正文：包括引言（也叫前言或序言），用在论文的开头，概括地说明选题的目的和意义；正文是论文的主体，应包括论点、论据、论证过程和结论，是论文的主体部分 参考文献：即论文中引用的文献，应按照规定格式列出所有引用的文献作者、名称、出版社、出版日期 附录：可选部分，也可以不写，内容包括重要数据、图表等
计划	第 6 周，学生确定论文论点和论据
	第 7 周，学生完成二三百字的内容摘要
	第 8 周，组织学生交流内容摘要
	第 8 周，学生完成论文大纲
	第 8 周，学生交流论文大纲
决策	第 8 周，与老师讨论确定内容摘要和论文大纲
	老师确认通过后，可以开始写论文
实施	第 8 周，老师讲解论文格式 字体和字号： 论文标题用宋体小 2 号字，加粗，居中 作者信息用宋体 5 号字，居中，1.5 倍行距 摘要用宋体 5 号字，1.5 倍行距，每个段落首行空两个字符 关键词用宋体 4.5 号字，加粗，居中，1.5 倍行距 论文正文用宋体 5 号字，1.5 倍行距，每个段落首行空两个字符 页脚用阿拉伯数字设页码，居中 论文中可以使用图表说明问题，图表用 6 号宋体字标注与说明
	第 8—11 周，论文写作过程，每周小组交流一次
检查	第 12 周，学生打印好论文，装订成册 小组交流检查论文是否符合要求（有的需要修改） 老师确认检查论文
评价与展示	第 13 周，论文成果展示与评价

注：任务书发给每个学生，让学生规划好自己学习任务的内容和进度。

表 4-3 “我对二战的看法”论文撰写评价表

评价内容		评价等级标准			评价方式		
评价模块	评价内容	评价标准			个人评价	小组评价	教师评价
信息		A	B	C			
	借书	能用学生证到市图书馆，顺利借到二战相关书籍3—5本	能用学生证到市图书馆，在帮助下借到二战相关书籍3—5本	没带学生证，或到市图书馆没借到二战相关书籍3—5本			
	小组交流	课余时间阅读所借书籍，搜集自己认为有价值的片段并记录下来；阅读进度快，搜集信息量大和小组交流积极	课余时间阅读所借书籍，搜集自己认为有价值的片段并记录下来；阅读进度慢，搜集信息量少和小组交流积极	课余时间阅读所借书籍，搜集自己认为有价值的片段并记录下来；搜集信息量少和小组交流不积极			
计划	第7周任务	完成内容摘要合格	需要修改内容摘要	内容摘要没有写完			
	第7周任务	小组认可内容摘要	小组修改内容摘要	小组不认可内容摘要			
	第8周任务	较好完成论文大纲 交流论文大纲积极	基本完成论文大纲 参与交流论文大纲	没有完成论文大纲 交流论文大纲不积极			

续表

评价内容		评价等级标准			评价方式		
评价模块	评价内容	评价标准			个人评价	小组评价	教师评价
决策	第9周任务	与老师讨论确定内容摘要和论文大纲，通过后开始写论文	与老师讨论确定内容摘要和论文大纲修改后，开始写论文	与老师讨论确定内容摘要和论文大纲，需要大改后开始写论文			
实施	第9周任务	论文写作过程，每周小组交流一次，没有问题	论文写作过程，每周小组交流一次，同学和老师指出小修改	论文写作过程，每周小组交流一次，同学和老师认为需要修改			
	第10周任务						
	第11周任务						
检查	第12周任务	打印论文排版和封面设计漂亮，论文符合要求	打印论文排版合格，论文符合要求	打印论文排版不合格，或论文不符合要求			
评价展示	第13周任务	论文交流会宣读论文及回答提问流畅	论文交流会宣读论文流畅，不能回答一个提问	论文交流会能宣读论文，不能回答两个提问			

从以上案例可以看出，学生通过课程引导获得了综合能力的提升，激发了学生巨大的潜能。这样的教育效果是我国非常需要的。根据我国国情，可以让中小学学生研究一些社会重点关注的问题，并撰写论文。

在对学生学习效果的评价方面，从本案例的评价表可以发现，评价内容有六个模块。这六个模块与任务单的六个模块是一致的，这就是研学模式教学方法的六个步骤，也称为行动导向教学法①。

步骤 1　信息——根据学习任务，学生搜集有关信息。

步骤 2　计划——规划任务完成步骤，撰写任务完成计划书。

步骤 3　决策——学生请老师对任务完成计划书进行确认，以保证任务完成无偏差。

步骤 4　实施——学生独立依据计划书的步骤完成任务。

步骤 5　检查——学生自行（含小组）检查。

步骤 6　评价与展示——完成任务的成果展示，教师主导的评价。

本教学模式是基于教师指导下的学生自主与合作学习的一种教学模式，可以归纳为 OAE 教学模式。

3. 研学模式教学流程

从图 4-2 可以看出，研学模式教学包含信息、计划、决策、实施、检查、评价与展示 6 个教学环节。研学模式教育是一种以实践为主导，以学生为主体，以培养学生能力为核心的教育模式，这 6 个教学步骤能有效地引导各个教学环节的实施。

从图 4-2 还可以看出，研学模式教学法能够实现学生三个维度能力的培

① 参见王开建：《微电子技术与器件专业教学法》，电子工业出版社，2012。

养，即知识与技能目标、过程与方法目标、情感态度与价值观目标。

在对学生学习效果的评价方面，要严格遵循六个步骤，着重强调学习过程的评价，以鼓励和激发学生的学习兴趣为主。

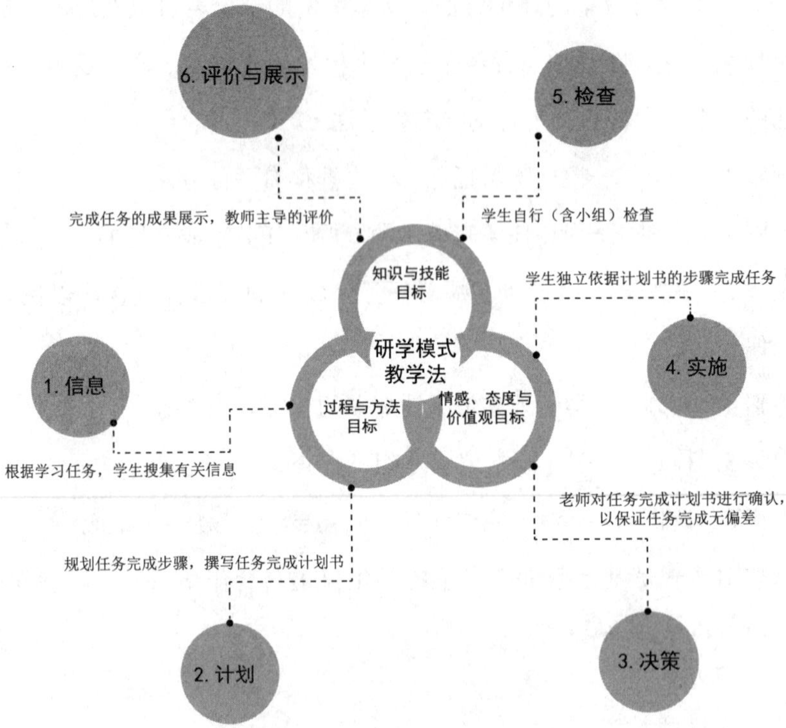

图 4-2　研学模式教学流程

三、研学模式的教学方法

1. 研学模式教学法的步骤与特点

研学模式的教学方法是一种学生亲身实践的集探究学习、研究学习、自主学习等多种学习方式于一体的教学形式，能够培养学生的创新思维和实践能力、独立思考和自主研究能力。研学模式教学法不是一个固定的方法，而是一个固定的教学模式。这个模式和目前我国教学改革常用的各种教学模式一样，强调以学生为学习主体，自主完成老师下达的学习任务，达成预设的学习目标。参照行动导向教学模式，研学模式的教学实施环节包含信息、计划、决策、实施、检查、评价与展示六个步骤。

研学模式教学法的一个显著特点是学生自始至终参与全过程。

2. 研学模式常用的教学方法

研学模式常用的教学方法可以是任务教学法、项目教学法、模拟教学法、角色扮演法、引导教学法、案例教学法、张贴板法等。其中，项目教学法一般用于比较大的教学课题，因为项目教学法通常包含多个子任务，这些子任务共同构成了整个项目的主题和目标。

教学中要设计一个研学模式教学方法课程，首先要选择一个主题，这就需要从学生的年龄、现有知识、学生是否有条件完成等多种因素考虑，也就是要考虑学生的认知发展水平。课程内容应具有探究性和挑战性，同时老师要考虑完成课程任务所需要的研究资源，包括实验设备、工具，以及校内外需要社会交往的资源。

研学过程中，老师是引导者，是导师；学生为完成学习任务，需要亲身体验信息、计划、决策、实施、检查、评价与展示六个步骤。小组合作学习是研学模式的另一个重要环节，通过团队合作，培养学生的沟通协作能力和批判思维、创新思维等能力。

3. 研学模式教学——四步教学法

从前述任务教学法案例可以看出，教学过程有六个步骤，无论哪种研学模式的教学方法都应遵循这样的教学步骤。但也有些很小的教学任务，如在初中物理课堂教学中可以采用的一些小的学习任务，就不一定非要采用这六个步骤。

实例：在学生还没有学习基本电路知识之前，准备一节电池，两个电阻（一大一小），一个灯泡，两根电线，要求学生先用这些材料组成基本电路，分别接入大电阻或小电阻，观察变化。

要求：写出电路的电压 V、电阻 R、电流 I 三者的关系式，并分别写出求解 V 值、R 值和 I 值的关系式。

由于学生还没有学基本电路，不具备相关知识，老师可以告诉学生自行阅读书中的某个章节。学生在老师安排的任务引导下，阅读书中关于基本电路的相关知识（信息）——组装电路，写出关系式（实施）——学生思考并检查电路与电量关系式（检查）——学生提交成果，老师评价（评估）。

从这个小例子可以看出，这个教学例子只有四个步骤，缺少了计划和决策。和前面小学生写论文的任务教学法相比，这个学习任务很小，学生用一节课就可以完成老师安排的任务，不需要写计划（前面的任务教学法案例写计划的环节是写论文大纲并要得到老师认可）。没有计划也就不需要和老师商议决策，所以，这个教学过程只有四个步骤，称作“四步教学法”。（见图 4-3）

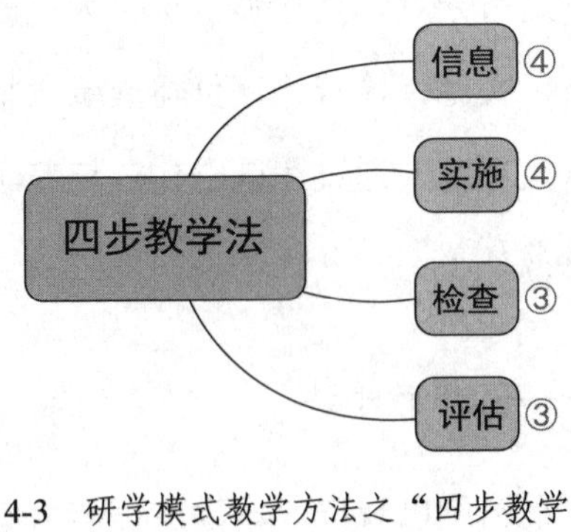

图 4-3　研学模式教学方法之“四步教学法”

研学模式教学方法的六个教学步骤是一种基本模式，如果不需要计划，也就不需要决策，但依然是研学模式的教学方法，因为学生始终主动参与全过程的教学特点依然不变。

“四步教学法”是根据这种教学方法的特点给它的一个专属名称。例如，第五章“贵阳孔学堂研学旅行方案”中用到的“粘贴板法”，虽然也是四步法，但因其有固定的教学活动形式，所以取名为“粘贴板法”。读者可以按照研学模式教学方法的步骤和学生自始至终参与全过程的特点，开发六步骤或四步骤教学法的研学课程，只要符合研学模式的步骤和特点，并具有固定的特点，便可以像“粘贴板法”那样给它一个专属名称。

4. 研学有助于学生构建自己独有的知识体系

研学模式教学方法不仅仅局限于课堂内和学校内的教学活动，还拓展到了课外领域和校外学习。研学旅行活动中的研学课程就是校外旅行过程教学的典范。教师应鼓励学生参与各种课外活动和社会实践项目等，培养学生的创新思维和实践能力，帮助学生在更广阔的范围内学习和成长。总之，研学模式教学方法对学生有挑战，对老师的综合能力也有更高的要求。

由于研学模式教学方法是以学生为主体，学生亲身实践为主导，老师引导的教学方法，学生完成学习任务时，不但需要综合运用现有的知识和经验，还会学到新的知识、经验、技能等，小组交流中可以激发学生创新思维、团队精神和集体荣誉感。

研学模式教学方法与传统灌输式教学模式的效果不一样的是，学生的知识体系是他们在学习实践中获得的。每个学生原有的知识和社会经验不同，学习实践中获得的能力也不同，学生可以逐渐构建自己独有的知识体系，如同小树逐渐长成大树，其根系也会从一条小根逐渐增加到很多根，而且每根都不一样。世界上永远不会出现两棵树根完全一样的树，人的知识体系也是一样的，每个人的生活经历、学习经历、行为习惯等各不相同，学习环境也不相同，构成的知识体系如同树的根系一样，也具有个性化特点，如图 4-4 所示。

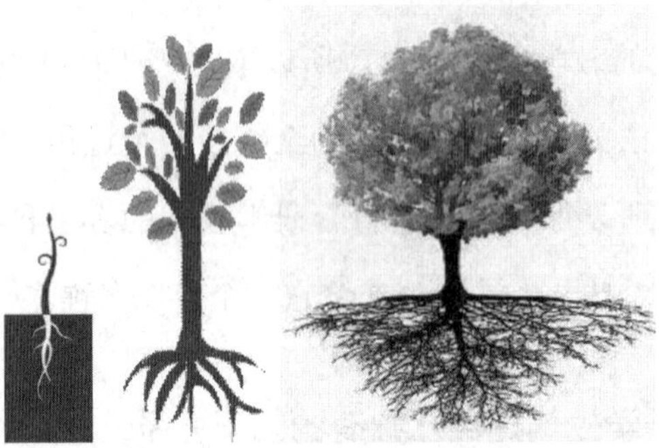

图 4-4　树在生长过程中长出的根系

5. 研学模式项目教学法案例

在研学模式的教学方法中，项目教学法适合用于课题比较大并且相对复杂的课题。在实验中，一个项目可以分解为多个任务——如果过于复杂，还可以分解成几个子项目，每个子项目下又可以分解成多个任务。

我们假设一个以研学旅行为研究内容的项目，名为“我国研学旅行事业现状与发展策略”。这是一个很笼统的标题，如果要理清这个问题，需要从很多方面进行调查和研究。我们先用逻辑思维图粗略划分有哪些关联内容，以此说明项目与任务的关系（见图 4-5）。

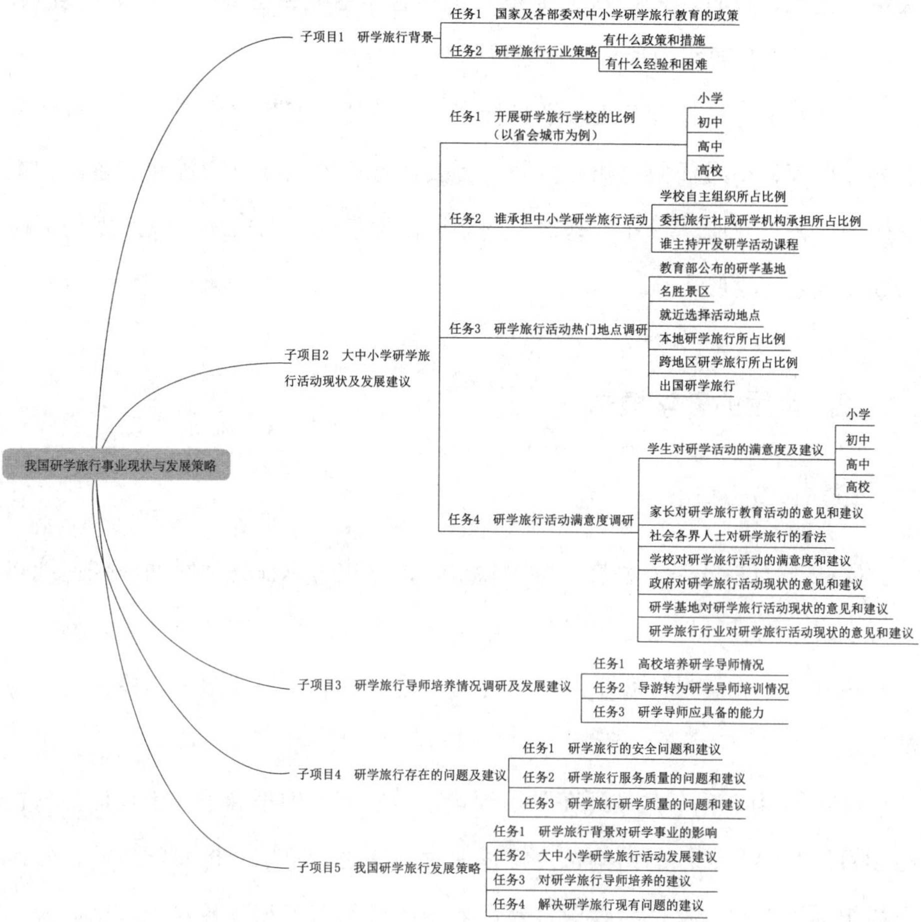

图 4-5　“我国研学旅行事业现状与发展策略”项目分解关系图

从图 4-5 可知，如果把“我国研学旅行事业现状与发展策略”作为一个研究项目，由于这个项目涉及内容很多，可粗略划分成五个子项目，每个子项目下还有若干任务。这个假设的实例告诉我们：项目教学法一般用于比较大的研究课题，而且要设项目负责人、子项目负责人、任务小组负责人；各项目组、任务组的研学要满足学生为完成学习任务而亲身实践信息、计划、决策、实施、检查、评价六个步骤，需要老师管理和引导的工作更加复杂，项目完成后老师要组织项目整体成果的展示与评价。

老师要事先设计好各级教学目标、总项目任务书和评价表、子项目任务书和评价表、小组任务书和评价表，还要作好完成该项目的资源准备，如拟调研的学校、政府、行业、基地，网络调研问卷的发布渠道，以及现场调研问卷发放与回收形式等。

四、常用的教学模式

1.OAE 教育模式

OAE 教育模式是一种自主学习模式，即学生可以在任何时间、任何地点进行学习，而且可以自主选择学习内容和方式，最终完成学习任务目标。在这种模式下，教学目标和学生学习任务书是实现自主性课堂教学模式的重要载体。

OAE 学习任务书是教师在学习理论、教学理论的指导下，于授课前依据教学目的和学生认知的结构特点，以课时和课题为单位，按照学生的认知水平模拟问题发现过程。教师应针对课本中相应的内容和预备知识，精心设计递进性系列问题，引导学生沿着问题的台阶完成自主探索的学习过程。

2. OBE 教育模式

OBE（Outcome based education）教育模式最早出现在 20 世纪 80 年代美国和澳大利亚的基础教育改革中，强调以学生为中心，关注学生的学习成果和能力发展，而不是传统的教学模式所关注的教材内容和教学方法。

OBE 教育模式的核心思想是，以学生为中心，关注学生能够做什么，而不是学生应该知道什么，强调学生在学习过程中的主动性和参与性，以及对学生能力培养的重要性。教师需要明确学生的学习目标，并设计相应的教学活动和评估方式，以确保学生的学习成果和能力发展能够达到预期目标。同时，该模式还注重学生的个性发展和团队合作能力的培养，重视对学生评估的客观性和公正性。

目前，OBE 教育模式已被美国、澳大利亚、新西兰、马来西亚等国家引入中小学教育中，在英国、加拿大等国家也得到了广泛的应用和推广。

3. 行动导向（Action-oriented）教育模式

Action-oriented 可以翻译成“行动导向”，也可以翻译成“结果导向”。行动导向教育模式是德国深入研究和实践后形象定义的一种教学模式，包含很多种方法——一位德国专家曾自豪地说，他们出版过一本行动导向教学模式研究的著作，收录了 60 多种教学方法。

行动导向教学模式强调根据老师指定的教育目标，学生亲身经历实践性学习的全过程，老师观察和引导学生完成学习任务，并重点主持学习成果的评价。

4. I-E-O 教学模型

I-E-O 教学模型（Input-Environment-Output Model）由英国教育家克劳德·阿斯汀于 1930 年提出。这种教学模式同样强调以学生为中心，方法是学生首先制订学习目标，老师下达的学习任务应与目标紧密相关，要求学生自主参与学习全过程，最终获得学习成果。老师对照预先制定的目标，评估和反馈学生的学习成果，以确保目标达成。

I-E-O 模型非常清晰地阐明了研学教育活动质量分析三要素——输入、环境、输出三者之间的关系（见图 4-6），对提高教育成果和评估教育有效性非常有帮助。

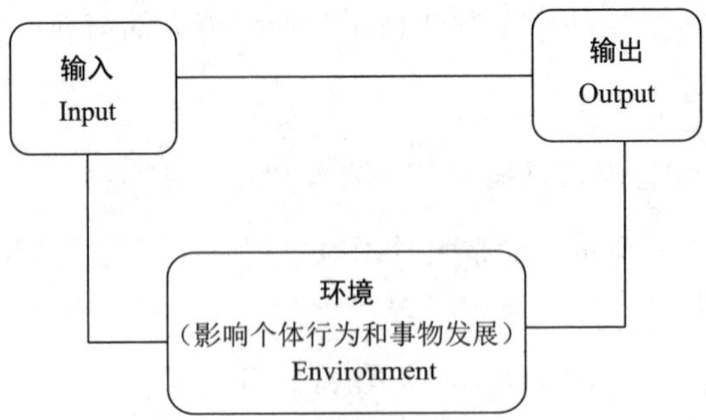

图 4-6　阿斯汀 I-E-O 模型

输入也就是教师给学生设计的教学目标和学习任务；环境是广义的，是影响学习成果的各种因素的总和；输出则是学习成果的质量。输入、环境、输出三要素是评价教学质量的依据，也是改善教学质量的切入点。

例如，我国教育部组织的大学教学质量评估，非常重要的环节就是对本科生毕业论文或毕业设计进行评估，因为这是学生通过四年学习运用知识解决问题的能力和创新能力的综合体现。I-E-O 模型就是对输出的教学成果进行评估，同时还会对毕业论文或毕业设计的相关文件进行检查——对输入端的检查，并对毕业论文或毕业设计指导过程性支撑材料进行检查，以及对环境的检查。这项评估的重点是输出，也就是对论文或设计的质量评估。如果论文或设计的质量都非常优秀，那么输入和环境都不会有什么大问题；如果毕业论文或毕业设计的质量普遍不理想，那么输入端和环境（过程）肯定存在较大的不足。

五、研学与其他教学模式的关系

通过上述分析可知，研学教育模式与OAE教育模式、OBE教育模式、行动导向教育模式、I-E-O教学模型等模式的教育理念都是一致的，都重点关注学生是不是自始至终参与了教学成果的产出全过程——国际上统称其为探究式学习（Hands-on Inquiry Based Learning）[①]。教育的教学实施方法是多样的，而教学模式是固定的。我国把这种教育形式定义为研学模式的教育更加通俗易懂。

六、研学实践

研学实践是研学模式教育中的一种教育方式。研学实践也可以说就是社会实践活动，指学校有目的、有计划地组织学生走出校门了解社会、服务社会的教育方式，旨在提高学生思想认识，陶冶情操，培养为人民服务的良好思想品德。

高校学生暑期“三下乡”活动是一种广泛开展的社会实践活动，通过组织学生深入农村、山区等欠发达地区，开展文化、科技、卫生等方面的志愿服务活动，促进当地经济和社会发展。活动主题通常围绕农村地区的实际需求和急需解决的问题，如农业技术推广、农村文化建设、计算机信息技术、电子技术、医疗服务等。在活动过程中，大学生通过与当地群众的互动和体验，了解农村地区的实际情况和问题后，运用自己的专业知识和技能为群众提供力所能及的帮助与服务。社会各界一致认为，大学生暑期“三下乡”活

① Spowart S J. The Role and Responsibilities of the Learner and the Educator in the Outcomes-Based Education (OBE) Classroom: a Pilot Project (University of Johannesburg, 2003)

动是一项具有重要意义的社会实践活动，对于促进当地经济和社会发展，提高大学生自身素质和能力，推动城乡交流和合作具有积极的作用。

近年来普遍开展的大学生社会调查活动也是一种广泛开展的研学实践。这是一种通过调查和研究方式，让大学生了解社会现象、研究社会问题、提高综合素质的社会实践活动。社会调查的方法包括问卷调查、访谈、观察、实验等。其中，问卷调查是最常用的一种方法，可以通过设计问卷、发放问卷、统计数据等方式来搜集信息和进行研究；访谈则是通过与被调查者进行面对面的交流，了解其想法和看法；观察则是通过实地考察和记录，了解社会现象的特点和规律；实验则是通过控制实验条件，研究不同因素对社会现象的影响。

大学生社会调查是一项重要的社会实践活动，可以帮助大学生了解社会现象，研究社会问题，提高综合素质。大学生在开展社会调查时，需要注意科学性和规范性，确保调查结果的准确性和可靠性，同时还需要积极参与社会实践和社会公益事业，为社会作出贡献。

以暑期“三下乡”社会实践活动为例。活动前，学生应有明确的学习和实践目的；活动过程中，应了解当地经济和社会发展总体情况及急需解决的问题，并用自己的专长力所能及地服务贫困地区；活动结束后，要提交社会实践活动报告并进行交流。完整的活动过程完全符合研学教育模式。研学教育模式与社会实践活动的关系如图 4-7 所示。

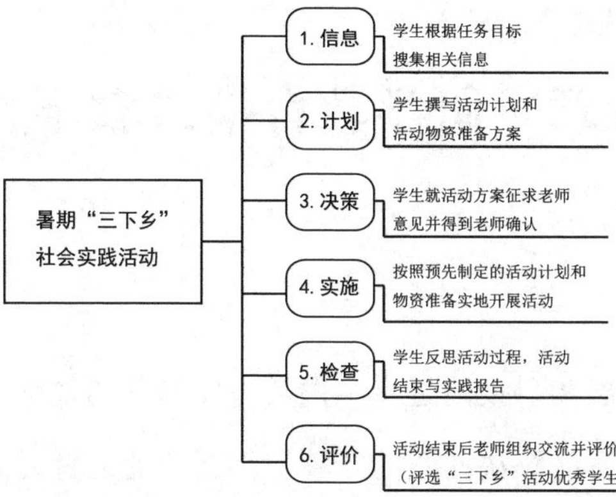

图 4-7　研学教育模式与社会实践活动关系图

研学实践还包含大学生毕业实习，学生在实习期间需要将所学专业知识运用到实际工作中，这不仅可以帮助大学生巩固所学知识，还可以提高工作效率和质量。实习期间，学生需要与同事和上级进行有效的团队协作与沟通，通过参与团队会议、项目讨论等，了解团队的工作目标和计划，明确自己的工作职责。遇到问题时，学生可以主动查阅相关资料，可以咨询同事和上级，寻找解决问题的办法。实习结束后，学生还需要撰写实习报告，总结实习期间的收获和体会——报告内容可以包括所在部门和团队的工作情况、自己的工作内容和成果、遇到的问题及解决方法等。通过撰写实习报告，大学生可以对自己的实习经历进行梳理和反思，为今后的学习和工作积累经验。

研学实践还包含实地考察、科学实验、社会调查、户外探索、科技竞赛、学生科研项目等多种形式，无论哪种形式，教学活动设计与教学实施都应严格遵循一个特点，即学生自始至终参与全过程，以及信息、计划、决策、实施、检查、评价六个步骤。只有这样，才能获得最好的研学教育效果。

第五章　研学教育模式教学方法

随着社会的发展和科技的进步，人类需要储备的知识、掌握的技术技能越来越多，需要具备的解决问题的经验和创新的能力都越来越高，这就需要教育模式不断改进，以适应新时代各类人才的培养。研学模式教育方法的应用顺应了现阶段社会进步的需要，也是我国培养创新能力人才的需要。

研学模式教育是一种融合研究性学习和实践性活动的教育方式，通常以学习和研究为目的，以课程为基础，结合实地考察、实验、观察等，让学生亲身参与到真实的环境中，通过实践和体验增长知识、培养技能。研学活动是让学生通过实际经验，获得更深入、综合和全面的学习体验，帮助学生将课堂学习与现实生活相结合，促进学科知识的运用和实践能力的培养。研学活动可以涵盖各个学科领域，如自然科学、社会科学、人文艺术等，既可以在校内进行，也可以到校外进行。研学教育模式可以分为研学旅行、研学模式教育（主要是课堂与实践结合模式）、研学实践三种类型（见图 5-1）。

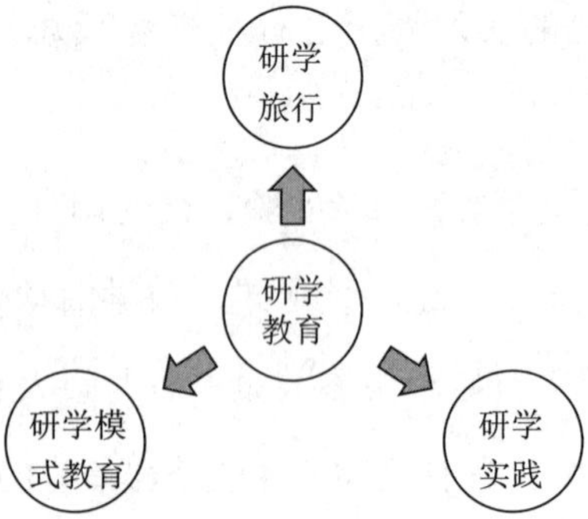

图 5-1　研学教育模式类型

在包括研学旅行在内的研学模式教学过程中，学生可以直接观察、感知和实践，以此提高合作能力、沟通能力和解决问题的能力，培养其自主学习和终身学习意识。因此，研学被认为是一种丰富、有趣且有效的教育方式，有助于培养全面发展的学生。

一、研学旅行教育模式

我国研学旅行教育模式的起源可以追溯到春秋战国时期的游历和游学。明朝画家董其昌首次提出了“读万卷书，行万里路”的理念，他在《画禅室随笔・卷二・画旨》中说：“画家六法，一曰‘气韵生动’。‘气韵’不可学，此生而知之，自然天授。然亦有学得处，读万卷书，行万里路，胸中脱去尘浊，自然丘壑内营。成立鄣郭，随手写去，皆为山水传神。”[1] 他从学习国画的角度说明画国画需要“气韵生动”①，但气韵在画室是学不了的，只有感悟大自然才能获得，所以，他鼓励读万卷书，行万里路。走遍大山和江湖，脑海里便存储了大量的山湖美景，随手画来的山水都会传神。岂止画国画需要“读万卷书，行万里路”？其实，这也是各类人才成长不可缺失的过程。所以，国家和社会各界及学生家长都非常支持中小学生开展研学旅行模式的教育，中小学研学旅行教育由此被纳入教育体系。

1. 研学旅行教育的主要优势

研学旅行教育可以为学生提供丰富的学习体验和培养多方面的能力，是一种有效的教育模式，又被称为“行走的课堂”。研学活动吸引力强，学生更

---

① 董其昌：《画禅室随笔・清乾隆三十三年（1768）写刻本》，https://www.dpm.org.cn/ancient/yuanmingqing/163509.html，访问日期：2024 年 1 月 5 日。

容易产生学习兴趣和动力，提高学习效果，具有以下几个方面的优势。

第一，研学旅行教育强调实际经验，让学生亲身参与实际活动和实地考察。通过实地考察，学生能够更加深入地了解历史遗迹、自然景观、文化现象等，培养学生的观察能力、解决问题能力和实践能力，有助于学生将理论知识与实际应用结合起来，跨学科思考问题和解决问题。

第二，研学旅行教育有助于培养学生的综合素质。研学活动的教学涉及多个学科的学习，包括历史、文化、科学、艺术等领域。通过实地考察和动手实践，学生可以更加深入地了解不同国家与地区的文化、历史和风土人情，拓宽视野。研学旅行教育还注重学生的自主学习和独立思考能力，学生需要运用所学知识解决实际问题，从而帮助学生建立积极的情感态度和社会责任感。通过与他人的合作和交流，学生可以学会尊重他人，倾听他人意见，协商解决问题等，激发集体荣誉感。研学旅行教育注重学生的自我管理和自我认知能力，学生需要自我安排时间、管理行程、总结成果等，有助于培养学生的自我管理和自我认知能力。学习过程中通过反思和总结，学生可以发现自己的优点和不足，进而完善和提高自己的学习与实践方法。

第三，研学旅行教育通常涵盖多个学科领域，如科学、历史、文化、地理等，通过接触不同的学科，学生可以了解更加多元的知识和观点，拓展自己的视野，有助于培养学生的批判性思维和决策能力，有助于学生将不同学科的知识融合在一起，并将理论知识转化为实践经验，增强实践能力。

第四，研学旅行教育活动中，中小学生集体出行和住宿，可以让学生与同龄人一起生活、学习和交流，增进彼此之间的友谊和理解，培养他们的团队合作和沟通能力；同时可以帮助学生了解不同地区的文化和地理知识，拓宽视野，增强跨文化交流能力。此外，还可以让学生体验不同的生活方式和风俗习惯，提高学生的社会适应能力和文化素养。

第五，研学旅行教育通过多样化的学习方式和活动，将学生带入真实的学习情境中，激发学生的学习兴趣。与传统教育相比，研学旅行教育更加注重学生的参与感和实践体验，能够让学生在探索和实践中感受到学习的乐趣，激发学习积极性和主动性，培养学生的自主学习能力。

第六，研学旅行教育可以为各种背景的学生提供平等的学习机会。学生不因其家庭背景、经济条件、性别差异、民族身份等因素而受到歧视或不公平待遇。研学旅行教育可以吸收不同背景和兴趣爱好的学生，提供更加多样化和包容性的学习机会，可以根据学生的兴趣、特长和学习需求进行差异化的学习设计与安排，增强学生的社会互动和交流能力。

第七，通过与来自不同国家、不同文化背景的学生交流，学生可以深入了解其他国家和地区的文化传统、风俗习惯、价值观念等，增强对其他文化的理解和尊重。这种跨文化交流可以帮助学生更好地认识世界和了解世界，提高其国际竞争力和跨文化交流能力。

第八，研学旅行教育注重学生的主动性和探究性，可以激发学生的学习兴趣和主动性，培养学生独立思考和解决问题的能力。

第九，研学旅行教育强调学生的自主学习和探究精神，教师需要转变为学生学习的引导者和合作者，并具有跨学科、跨领域指导学习和研究的能力，要求老师不断提高自身的综合素质和教学能力。

2. 研学旅行教育的教学模式

2016 年 12 月 19 日，国家旅游局发布的《研学旅行服务规范》，对研学旅行教育的教学模式进行了详细阐述。

对于研学旅行，谷歌学术、Proquest、SAGE Journals、Springer Link 等数据平台所使用的英文名称主要为“Outdoor Education”“Experiential Education”“Educational Tourism”“Learning Travel”等，其中文意思即为“户外教育”。美国学者 Donaldson G. W. 和 Donaldson L. E. 是最早定义户外教育的研究者，他们将户外教育定义为“户外教育或关于户外教育”①。出生在英国的加拿大学者 Priest 博士进一步阐述了户外教育的定义，指出“户外教育可以理解为社会或户外环境；因此可以在室内或室外”②。在此基础上，Priest 博士指出：“关注户外教育可能不是户外，只要它是沉浸式学习，基于刺激感官体验，主题是人和自然资源或相关，而不是一定暴露在自然环境。”

国外对户外教育的定义与国内的研学模式教育非常相似，都是广义的。其中包含了研学旅行教育模式。我国研学旅行教育对象主要以中小学生为主，以提升学生综合素养为目的，依托基地、营地及其他校外场地等社会资源，进行体验式教育和研究性学习。

研学旅行即是“研学 + 旅行”的教育新模式。通过研学模式的教育和旅行融合，带领学生走出校园，在博物馆、科技馆、革命传统教育基地、自然景观点、历史古迹等场景中，感受丰富的知识、先进的技术、传统的思想，拓展视野，并通过设计一些能让学生亲身经历的学习情境，动脑，动手，协同合作。学习内容往往会涉及多个学科领域，学生需要运用综合的学科知识来解决实际问题，并打破学科界限，促进跨学科学习的能力。研学活动环节具有吸引力，能够激发学生的学习兴趣和学习动力，让学生在快乐中完成学习任务，获得多种能力的提高。

在研学旅行过程中，由于是集体出行和住宿，需要学生学习处理与老师

---

① Donaldson G W, Donaldson, L E. Outdoor Education a Definition, *Journal of Health, Physical Education, Recreation*, 1958, 29(5):17–63.

② Priest, S Gass M. The Range of Teaching Styles in Adventure Programming, *The Journal of Adventure Education and Outdoor Learning*,1997,14: 12–14.

和同学的关系，这也可以提高学生处理问题的能力。

二、研学旅行教育的课程开发

研学旅行课程开发要遵照《教育部等11部门关于推进中小学生研学旅行的意见》精神，设计内容和活动特点都要符合各年龄段的要求（见表4-1）。

表4-1　各学段研学年级和研学内容

学段	研学年级	研学内容
小学	四到六年级	小学阶段以乡土、乡情为主
初中	一到二年级	初中阶段以县情、市情为主
高中	一到二年级	高中阶段以省情、国情为主

研学旅行课程设计首先要遵守国家和行业相关规定，综合考虑多个因素，包括学生年龄、学科领域、教学目标、教学方法、课程时长、地点选择以及课程评价等，以下是一些思考要点。

第一，年龄段不同，课程设计应有所不同，需要考虑学生所学习的学科领域，如小学没有学过物理和化学等，为研学旅行设计合适的主题和活动。

第二，教学目标是课程设计的关键。要明确学生通过研学旅行可以获得什么经验、知识和技能，研学目标应与学校的教育目标相一致。

第三，根据教学目标和学生年龄选择适当的教学方法，让学生更好地理解和掌握知识。

第四，课程时长和地点选择应与教学目标相匹配。需要考虑旅行所需的时间、交通和食宿等因素，以及学生是否有能力承受旅行的压力和学习内容的挑战。

第五，课程评价是确保研学旅行效果的重要环节。设计课程的同时也要设计评价标准，评价学生通过研学旅行获得了什么经验、知识和技能，以及课程是否达到了预期的教学目标。

第六，课程目标、内容、时间、学习活动要求、评价都要列入学生的研学手册里。课程如果有几个内容，要分单元陈述，每个单元的课程内容见表 4-2。

第七，课程评价部分要设计为过程性评价和成果性评价的评价量表，文明行为也要包含在评价量表里。各单元学习和游览时要强调注意事项与安全要求。

第八，研学手册呈现的主要是研究报告、研学论文或研学活动总结等成果文件——高中生应完成研究报告，初中生可以完成研学论文，小学生可以写出研学活动总结或小作文。

表 4-2　研学旅行课程单元内容

1	课程名称	6	课程资源叙述
2	课程实施的具体地点	7	过程性课程任务
3	课时	8	课后作业
4	本单元课程内容的相关信息	9	学习成果交流
5	课程目标	10	课程评价

三、关于谁来开发研学旅行课程的问题

据了解，目前很多中小学生的研学旅行线路和研学课程都是旅行社或研学机构开发后推荐给中小学的，也就是中小学委托旅行社服务。

旅行社开发研学旅行课程的优势是，有成熟的研学活动项目，有大量成熟的旅游景区和旅行线路，有优秀的研学教师，具有大专以上旅游相关专业

的导游都学习过旅游线路设计和解说词撰写，有多年的导游经验，通过短期培训，就可承担开发研学旅行线路设计和研学课程设计的任务。但他们不熟悉中小学各学段学习内容，不具备中小学教学经验，而设计研学课程需要根据不同学段的学生特点和所学内容，并需要掌握研学模式的教学方法等，这对所有教育工作者来说都是需要不断研究和探索的。

这就需要学校与统筹研学旅行机构沟通研学活动的内容等。

比如，坐落在贵阳市花溪区的孔学堂是教育部公布的研学基地之一，有较为成熟的活动项目，如适合低年级小学生的“开笔礼”，适合高中生的“成人礼”等。孔学堂有很好的师资力量，完善的管理能力，还有传统文化、礼仪、技能等多方面的活动资源，景区面积大，环境幽静，食宿条件好，安全保障度高。研学旅行指导师可以亲自到这里深入了解，在已有活动项目的基础上，还可以根据其他资源开发适合的特色项目。因孔学堂紧邻花溪国家城市湿地公园，还可以开发“基地＋公园”的综合研学活动线路。

学校作为研学旅行活动的组织者，在委托研学旅行机构承办学生的研学旅行活动时，应对旅行社开发的旅行路线和研学课程进行认真分析，结合出游学生的各年级学科知识，与旅行社认真研究，开发为校内课堂与校外课堂相融互补的研学旅行项目；同时还要研讨和确定研学的教学方法。这样，不但可以促进学校老师的教学研究能力，还可以帮助旅行指导师不断提高研学活动设计与课件开发质量，真正达到教育部希望的“研学优”效果。

四、研学旅行教育项目开发案例

在此，以国家级中小学生研学基地贵阳孔学堂为研学基地，以小学四年级学生研学旅行为例，设计“孔学堂研学旅行项目”，希望对中小学生研学旅行项目及研学课程开发有所裨益。

1. 研学旅行线路开发

通过对孔学堂地理位置（见图 5-2）的分析，我们发现，孔学堂紧邻花溪国家城市湿地公园。根据小学四年级学生的学情，结合该学段的学习科目，可以选择以孔学堂研学项目为主、湿地公园为辅的研学旅行线路，以湿地公园及南明河周边植物、动物构成的景观设计研学内容。湿地公园的特点是河道有固定栖息的白鹭，偶尔还有鸳鸯、翠鸟及一些大型鸟类，河道里福寿螺比较多，还有各种人工种植的植物等，而且道路平坦，从住地步行可以到公园，适合小学四年级学生游览。研学旅行社在开发研学活动课程时，可以邀请小学生物专业老师参与考察和开发这里有价值的研学内容。可以从以下角度设计适合小学四年级学生的研学课程。

一是了解孔子的生平和文化。借助展馆，可以引导学生深入了解孔子的生平、思想以及对中华文化发展的重要影响，这有助于拓展学生的历史和文化知识，培养对传统文化的兴趣。

二是学习儒家礼仪。学生可以亲身参与儒家礼仪文化体验活动，了解古代礼仪在社会中的作用和重要性，这有助于培养学生学习了解中国传统的社交技能和道德观念。

三是参加“开笔礼”活动。开笔礼是中国传统文化中的重要仪式，学生可以参与其中，体验传统礼仪的意义和过程，这有助于培养学生的仪式感和文化传承意识。

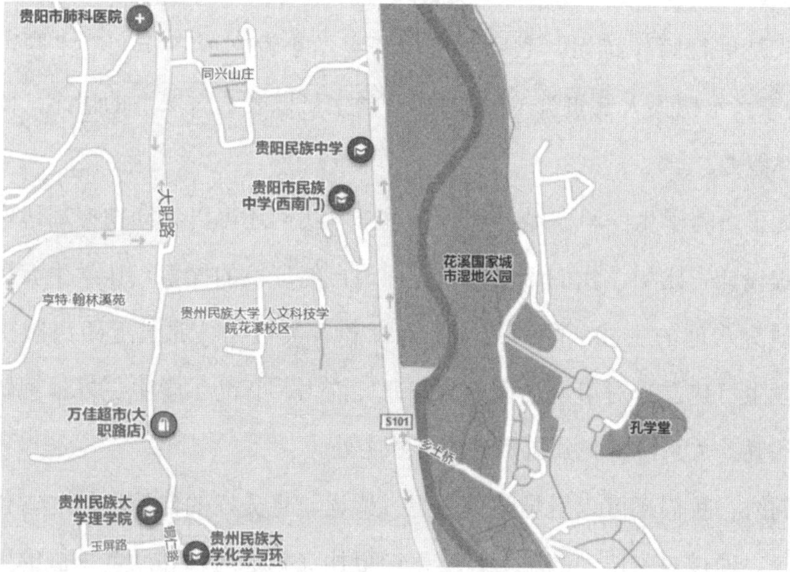

图 5-2　孔学堂的地理位置

四是学习中国文字演变。学生可以了解汉字的演变历程——从象形文字到现代简笔汉字的发展，可以包括书写示范，帮助学生理解和正确书写汉字。

五是参观孔子文化园。学生可以参观孔子文化园，亲身感受孔子文化的氛围，进一步了解孔子及其影响。这是一个生动的学习体验，有助于学生建立文化自信。

六是选择研学地理位置。研学的地理位置正好位于南明河的起源河段，上游有花溪河、花溪水库、松柏山水库，以及连接南明河的小车河上游的阿哈湖水库。南明河是贵阳人民的母亲河，而这些水库是饮用水源。通过研学，学生可以深入了解家乡的水系和地理环境，培养对家乡的热爱之情和对水资源的保护意识。

七是举办贵阳水系讲座。晚上可以举办关于贵阳水系分布情况的小讲座，让学生更加深入地了解家乡的水资源分布和重要性。

八是进行写作练习。鼓励学生撰写科学小论文或者作文，主题可以是“保护家乡水源人人有责”。通过写作，学生可以表达对家乡的情感，同时锻炼写作能力。

为了培养学生的科研精神和探索思维，我们还可以继续挖掘周边资源进行课程设计。比如，我们可以引入对周边自然环境的探索，让学生有机会了解和研究当地的生物，如白鹭、福寿螺和各类植物。通过近距离观察和研究，学生可建立起对事物的洞察力和研究能力，有助于学生更好地理解生态系统的互动关系，体验到自然界的奇妙之处。

同时，我们还可以引导学生联想古诗词，将美好的自然环境与古代文化相结合。通过对古诗词的赞美，学生能更加深刻地理解和欣赏周围的生物世界，培养对自然的热爱之情和保护自然的意识。

根据上述思考，笔者开发了“贵阳孔学堂研学旅行方案”和对应的“研学旅行手册”，供读者参考。

2. 研学旅行课程开发案例

瞻仰孔子圣殿　感悟儒家思想

贵阳孔学堂研学旅行方案

一、贵阳孔学堂研学旅行基地简介

贵阳孔学堂坐落于贵州省贵阳市南郊，东毗大成山，西临花溪河，俯瞰国家级湿地公园花溪十里河滩，总占地1320余亩，建筑面积近15万平方米，分为已建成的一期“公众教化区”、二期“中华文化国际研修园”，以及尚在建设的三期“文化创意产业园”。孔学堂是贵州省高端的文化学术交流平台和传习研修基地，也是教育部批准公布的中小学生研学基地，其全貌见图 5-3。

图 5-3　贵阳孔学堂研学基地全貌

孔学堂一期公众教化区起于棂星门，过泮桥，拾阶渐上，经大成门、礼仪广场、大成殿，止于杏坛；左有溪山书院、讲堂群，右有六艺学宫、乡贤祠、阳明馆、奎文阁。其功能集祭祀、纪念、吟诵、游艺、旅游、文化产业等功能为一体，是贵阳市传承与弘扬儒学的圣殿，教化与开启新风的基地。大成门前耸立着孔子行教像（见图 5-4），高 9.28 米，以纪念孔子诞辰。

图 5-4　贵阳孔学堂孔子塑像

截至 2020 年 11 月，孔学堂举办的传统文化公益讲座高达 800 场。为促进中华优秀传统文化的传播与发展，孔学堂举办“开笔礼”“成人礼”“中华婚礼”“敬老礼”等四项“筑城四礼”活动，拓展了以“六艺”为主的中小学研学旅行活动，传承与学习优良的传统文化礼仪。

在中华传统节庆诸如春节、清明、端午、中秋和重阳节期间举办了相应的民俗文化活动，如“溪山踏歌行”系列演出、“溪山翰迹”书画创作展等。[1]

孔学堂主体建筑群由“礼轴、风轴、行轴”三条轴线组成，为一纵两横布局。“礼轴”是孔学堂的主轴，从棂星门向上纵贯至杏坛，象征着孔子的核心思想——“礼”与“仁”，有棂星门、泮池、泮桥、百步梯、孔子行教像、大成门、礼仪广场、大成殿、万仞宫墙、杏坛等主要建筑。横跨“礼轴”之上的是两条横轴，即“风轴”“行轴”。“风轴”象征儒家“治国平天下”的智慧，在这条轴上的建筑有明伦堂、六艺学宫、廉廊。“行轴”象征儒家思想的实践，轴上有乡贤祠、阳明馆、奎文阁等建筑。乡贤祠供奉着贵州历代贤达名士，阳明馆祀奉明代大儒王阳明，奎文阁典藏儒学文化经典。

二、“贵阳孔学堂研学旅行方案”研学课程设计

研学课程 1　感悟孔子思想

课程目标：明白做人应该具备的基本品德，了解中国传统文化与礼仪。

首先由孔学堂老师讲解孔子生平及其思想。

孔子（前 551—前 479 年），子姓，孔氏，名丘，字仲尼，春秋时期鲁国陬邑（今山东省曲阜市）人，祖籍宋国栗邑（今河南省夏邑县），中国古代伟大的思想家、政治家、教育家，儒家学派创始人。

孔子开创私人讲学之风，倡导仁、义、礼、智、信，有弟子三千，其中贤人七十二。曾带领部分弟子周游列国十四年，晚年修订六经

① 张京成主编《中国创意产业发展报告 2021》，中国经济出版社，2021，第 302 页。

(《诗》《书》《礼》《乐》《易》《春秋》)。去世后，其弟子及再传弟子把孔子及其弟子的言行语录和思想记录下来，整理编成《论语》。该书被奉为儒家经典。

孔子的主要思想为“仁”“礼”“德”。

“仁”是儒家思想的核心，代表着一种全面的道德和人性的理想状态。孔子在《论语》中提出了“仁者爱人”的观点。“仁”的基本含义如下。

孝悌之道：孔子认为，孝悌是仁之本，是人性的基础。孝是对父母、长辈的尊敬和关爱，悌则是对兄弟姐妹的友爱和尊重，只有在家尽孝，在国尽悌，才能实现个人的道德完善和社会的和谐稳定。

泛爱众：孔子提倡博爱，认为每个人都应该对他人充满爱心和同情心。这种爱不是狭隘的，而是普遍的，广泛的，涵盖了人与人之间的所有关系。

忠恕之道：孔子认为，对人要忠诚、信任，不做伤害他人的事情；同时也要宽恕他人的错误和过失，给予他人改过的机会。

知礼：孔子强调礼的重要性，认为礼是规范人们行为、维护社会秩序的必要手段，主张恢复周礼，以实现社会的和谐稳定。

修身：孔子认为，修身是实现“仁”的重要途径之一，主张通过学习、思考、实践等方式来提高自己的道德修养，以达到实现“仁”的目标。

总的来说，孔子的“仁”包含了许多方面的含义，涵盖了道德、伦理、政治、文化等多个领域。其核心思想是以人为本，强调对他人的关爱和尊重，追求人与人之间的和谐关系；同时，“仁”也强调个人的自我修养和自我完善，以达到人格的完善和精神的充实。

“礼”是儒家思想中的一种行为准则和社会规范，代表着文明和秩序。孔子要求人际关系和谐，尊重、遵守社会规范和道德准则；主张通过仪式、礼节和传统习俗来维护社会秩序与人际关系，促进人与人之间的相互尊重和理解。

“德”指的是个人的道德品质和修养，是实现个人价值和人格完善的重要途径。德是人的内在品质和行为准则，孔子倡导诚实、勇敢、自律、公正和仁爱等品质，主张通过个人的修养和实践，培养良好的道德品质，实现个人成长和人格的完善。

“仁”“礼”“德”是儒家思想中的重要理念，而且相互关联，相互促进，构成了儒家思想的核心价值体系。通过实践这些理念，人们可以培养良好的道德品质，实现个人成长和社会和谐。

然后由孔学堂老师讲解和示范中国传统礼仪。

课后作业：解释“仁”“礼”“德”的含义和了解传统礼仪，完成个人笔记及感想。

研学课程2　观察花溪国家城市湿地公园生物

地点：孔学堂旁边花溪十里河滩。从住地大成精舍步行10分钟到达。游览半程到白鹭栖息地白鹭墩观看白鹭后返回。

课程目标：获得生物相关知识，掌握观察方法，了解生物多样性。

（1）游览南明河畔的十里河滩公园，感受南明河畔的魅力。

（2）近观南明河面的白鹭，观察白鹭的飞翔与落下。途中可能还会遇到更多品种的鸟类，可观察鸟类捕食与飞翔的动作，并观察白鹭优美的姿态，找到合适的古诗词赞美它们。

（3）回程沿途观察南明河岸出现的有害物种福寿螺。指导师可讲解福寿螺的来历和害处[1]，让学生了解福寿螺是有害物种，携带了大量寄生虫，可传染给人类；并能够识别福寿螺和中华田螺，知道消灭福寿螺的办法。

（4）观察芦苇、花草、各种观赏树木，观赏荷塘，能用古诗词赞美它们，能感受到景色的美丽。

（5）观察南明河，十里河滩是花溪河的终点，也是南明河的起点。观察和了解南明河是贵阳市的母亲河，保护水源应从自身做起。

课后作业：个人完成手册中的4个小作业，小组完成“观十里河滩美景，探索生物秘密”学习总结粘贴板。

研学模式的教学方法——粘贴板法，见表5-1。

小知识：福寿螺

福寿螺于20世纪70年代末由巴西籍中国人从台湾引进到广东。1984年后，福寿螺已经在广东广泛饲养，但由于饲养过多，加之味淡，被释放到郊外。不料福寿螺适应新环境生存的能力很强，繁育很快，快速蔓延于湖河与原野。

福寿螺的害处主要有以下几点：食用未充分煮熟的福寿螺，可能引起广州管圆线虫等寄生虫在人体内感染，引发嗜红细胞脑膜炎，导致头疼、头昏、发烫、颈部酸痛、面部肌肉萎缩等，情况严重会有麻痹、总想睡觉、晕厥等现象，乃至身亡；福寿螺可以咬掉稻谷主蘖及有效分蘖，导致合理穗降低而限产达20%以

① 中国基因网：《切勿触碰！福寿螺体内寄生虫多达6000条》，https://www.cnjiyin.com/zixun/20220423_83550.html，访问日期：2023年7月10日。

上；福寿螺的食量大且食材品种繁多，能毁坏农作物、蔬菜和水生物，如水稻、白莲、芡实等水生农作物幼苗，可导致严重减产；福寿螺的螺壳锋利，容易划伤手脚，影响农事操作。

为了有效控制福寿螺的蔓延发展态势，有些地方会采取药剂防治、人工摘除卵等拾螺办法。

表 5-1　粘贴板制作方法

信息	一、各小组讨论交流“观十里河滩美景，探索生物秘密”收获 1. 描述南明河的起点和美景 2. 描述美丽的白鹭 3. 为什么说福寿螺是有害物种 4. 观察到的植物种类
实施	二、用关键词把以上四个讨论的内容表述出来（先写在草稿纸上） 把四个题目的关键词分别梳理好先后顺序（每个题目用多个关键词表述） 三、学习总结粘贴板制作 1. 每个题目用一种颜色，可用彩色卡纸剪成自己喜欢的形状——小色板，每个小色板写一个关键词。每个题目可以用多个关键词表示 2. 在 0 号铜板白纸上端写上标题“观十里河滩美景，探索生物秘密” 3. 第二行写小组名称和小组成员姓名 4. 写四个讨论标题（横向或纵向排列均可） 5. 把写好关键词的小色板依次粘在每个标题后面
检查	6. 粘贴板制作完成，小组自己检查、调整
评估	四、粘贴板展示 粘贴板制作完成后，由小组成员演练成果汇报，组长简要介绍总体情况。四个内容分别由四位同学负责汇报，汇报时间是最后一天下午。

研学课程 3　了解贵阳市主要水系

课程目标：了解家乡基本水源的分布，分析南明河所处的位置，知道饮用水源需要大家共同保护。

邀请专家讲解贵阳市的主要水系，以及贵阳市的三大饮用水库、花溪河及南明河，让小学生了解家乡人民赖以生存的水源。

课后作业：写一篇短文，题目是《保护家乡的饮用水源人人有责》。

研学课程 4　开笔礼

地点在孔学堂阳明大讲堂厅。

（1）开笔礼简介。开笔礼是中国古代人生四大礼仪之一，俗称“破蒙”，是中国传统文化中启蒙教育的一种形式。在开笔礼中，儿童将接受一系列启蒙教育，包括学习人生最基本、最简单的道理。书法是其中的重要内容，通过这项活动，希望小学生爱上书法。

（2）举办讲座。给学生讲解汉字从象形文字——甲骨文——金文——篆体——繁体楷书——简体楷书的演变过程。汉字的演变过程具有独特的特点和价值，汉字是世界上使用人数最多的文字之一，也是中华文明的重要载体。通过研究汉字的演变过程，人们可以更好地了解中国历史和文化的发展。可以给学生演示几个字的演变过程和书写方法。

（3）开笔礼仪式主要环节

正衣冠：学生穿好汉服后需要整理好衣冠，以示对传统文化的尊重和学习。

拜师恩：学生要向老师表达敬意和感激之情，以示尊师重道。

朱砂启智：又称“开天眼”，意为开启智慧，寄托着对孩子们未来学习的期望和祝福。

击鼓明志：学生通过击鼓表达自己的志向和决心，以示“有志者，事竟成”的信念。

启蒙书法：学生用毛笔书写汉字卷轴，以示开始进入学习阶段。

诵读《弟子规》：学生集体诵读《弟子规》，以示对传统文化的传承和学习。

课后作业：每人完成一幅书法作品。

研学课程5 总结汇报

各小组总结、汇报，优秀作品展示，学生撰写学习总结。

优秀作品、优秀作文、优秀总结展出。

作业：各小组在以上四个研学课程中选择一项，以表演、朗诵、成果展示等形式进行，并宣读200字以内的小组学习成果汇报。

三、研学旅行学时安排

学习时间安排和活动内容详见表5-2。

表5-2 学习时间安排和活动内容

活动时间	活动内容
第一天	
7:50—8:00	集合（清点人数上车，记守时成绩）
8:05—8:50	到达孔学堂
9:00—9:15	步行到礼仪广场
9:30—10:10	孔学堂老师讲解孔子生平及其思想
10:10—10:30	礼仪
10:30—11:30	参观
11:30—11:40	步行上车到大成精舍（住地）
11:40 —12:15	安排住房
12:30—14:30	中餐和午休
14:50—16:50	步行到十里河滩中部（白鹭墩）
16:50—17:30	休息

续表

活动时间	活动内容
17:30—18:20	晚餐
18:20—19:00	休息，进入会场
19:00—20:00	专家讲解贵阳市的主要水系、几大饮用水库和花溪河及南明河，让学生了解家乡赖以生存的水源
20:00—20:40	写一篇短文，题目是《保护家乡的饮用水源人人有责》
20:40—21:00	洗漱
21:00—7:00	休息
第二天	
7:00—7:30	洗漱
7:30 —8:10	早餐
8:10 —8:30	步行到阳明大讲堂
8:40—9:00	学校负责人讲话
9:00 —9:30	开笔礼
9:50—10:40	书法讲座与书法示范
10:40—11:00	休息
11:00—11:30	学生书法创作
11:30—11:40	集体诵读《弟子规》
11:40—12:00	步行到大成精舍（住地）
12:00—14:30	午餐和午休
14:30 —15:30	小组讨论＋撰写个人总结
15:30—16:30	大会成果展示，交流，颁奖
16:50—17:30	乘车到学校大门口
研学旅行结束	

四、对学生研学过程的评价

对于学生的研学成绩，应采取鼓励性评价，让学生感受到学习有收获，不足能弥补，信心受到鼓舞。评价方式要采用过程性评价，结果不是最终成绩。

首先评价学生对待研学活动的认真程度。评价学生的学习可以从以下几个方面入手。

（1）学生对待研学活动的态度是否认真，能否积极参与研学活动。

（2）学生在研学过程中是否能够自我主动学习，自我调整学习状态。

（3）学生能否搜集相关知识并运用已学知识完成学习任务。

（4）学生是否能够掌握新的知识和技能，并将其应用于实际问题的解决，这是评价学生研学效果的重要指标。

（5）学生在团队中是否能扮演积极的角色，能够与团队成员合作解决问题。

（6）学生在沟通过程中是否能够准确表达自己的想法和意见，能否积极倾听和理解他人的观点。

（7）学生在解决问题过程中是否能够尝试新的方法和思路，具备创新意识和能力。

（8）对于学生的批判性思维，要考察学生是否能够独立思考并形成自己的观点。

（9）学生在研学活动中是否能够建立自信心，增强自尊心，提高积极性和主动性。

（10）学生是否能够在研学活动中表现出社会责任感。

秉承鼓励性评价原则，每个课程单元都有一个评价表，学习成果展示后有一份综合评价表——研学旅行活动全过程评价表，需于研学结束回到学校前完成，并让学生签字确认，让其知道有待改进的地方，之后学校留存。《研学手册》完成后可以给学生自己保管留存，完成得非常出色的，可以和学生商量交给学校作为教学成果，但应给学生一份复印件，让老师署名，说明研学成果优秀被学校收存，最好学校盖章，这样既对学生表示尊重，又增加了学生收藏的价值。

研学旅行活动全过程评价表样本如表 5-3，其中单元成绩填写在学生手册上。评价必须在活动过程中完成，不能后加评价。

表 5-3　研学旅行活动全过程评价表

<table>
<tr><td colspan="6">学生姓名：　　　　　　　　　小组：　　　　　　班级：</td></tr>
<tr><td colspan="2">评价项目</td><td>评价标准</td><td colspan="3">评价结果</td></tr>
<tr><td rowspan="2">时间观念</td><td>守时</td><td>能否按时集合、参观、乘车</td><td>A</td><td>B</td><td>C</td></tr>
<tr><td>出勤</td><td>能否按规定时间、地点出勤</td><td></td><td></td><td></td></tr>
<tr><td rowspan="7">学习表现</td><td>学习准备</td><td>学习准备是否充分</td><td></td><td></td><td></td></tr>
<tr><td>学习态度</td><td>学习态度是否端正</td><td></td><td></td><td></td></tr>
<tr><td>学习过程</td><td>学习过程能否及时记录</td><td></td><td></td><td></td></tr>
<tr><td>合作学习</td><td>能否积极与组内成员合作学习</td><td></td><td></td><td></td></tr>
<tr><td>小组交流</td><td>能否与他人交流分享</td><td></td><td></td><td></td></tr>
<tr><td>学习收获</td><td>学习成果呈现是否准确</td><td></td><td></td><td></td></tr>
<tr><td>小组成果</td><td>小组成果汇报成绩</td><td></td><td></td><td></td></tr>
<tr><td rowspan="3">纪律意识</td><td>服从管理</td><td>能否服从组长管理</td><td></td><td></td><td></td></tr>
<tr><td>听从指挥</td><td>能否听从老师指挥</td><td></td><td></td><td></td></tr>
<tr><td>规范参观</td><td>能否按照安排有序参观</td><td></td><td></td><td></td></tr>
<tr><td rowspan="4">文明礼仪</td><td>乘车</td><td>能否文明乘车</td><td></td><td></td><td></td></tr>
<tr><td>参观</td><td>能否文明参观</td><td></td><td></td><td></td></tr>
<tr><td>礼仪</td><td>能否注重礼仪规范</td><td></td><td></td><td></td></tr>
<tr><td>交往</td><td>能否与他人文明交往</td><td></td><td></td><td></td></tr>
<tr><td rowspan="4">团队意识</td><td>组织</td><td>团队能否组织有效的活动</td><td></td><td></td><td></td></tr>
<tr><td>交流</td><td>小组内是否进行有效的交流</td><td></td><td></td><td></td></tr>
<tr><td>协助</td><td>团队内是否进行有效的协助</td><td></td><td></td><td></td></tr>
<tr><td>和谐</td><td>能否营造和谐的团队氛围</td><td></td><td></td><td></td></tr>
</table>

续表

单元成绩	课程 1				
	课程 2				
	课程 3				
	课程 4				
总成绩					
研学导师签名：		老师签名：		学生签名：	

五、研学方案设计说明

本方案是为小学四年级学生研学旅行活动设计的。根据《教育部等 11 部门关于推进中小学生研学旅行的意见》之规定，小学阶段以乡土、乡情为主，故方案中设计了游览花溪十里河滩环节，让学生感受南明河的魅力；并增加了讲座，让学生了解自己家乡贵阳市水系的分布情况，了解花溪河是贵阳母亲河南明河的上游，以及花溪河及其上游的花溪水库基本情况，同时让学生了解贵阳饮用水源的分布情况，让学生成为爱护家乡饮用水源的宣传者。

开笔礼是对应小学书法教育的重要环节，能让学生通过研习爱上书法和汉字。

在学习中华传统文化的同时，亲近大自然，对接小学自然课。观察鸟类和植物，培养小学生学会观察了解生物、欣赏多样生物美好的同时，了解有害物种福寿螺。

贵阳孔学堂是教育部公布的中小学生国家级研学基地，学习设施完备，里面的大成精舍酒店住宿和饮食条件很好，安全有保障。花溪十里河滩公园紧邻孔学堂住地，道路比较平坦，步行可以到达。四年级学生虽然是第一次参加研学旅行，但已经有春游和秋游的经验，游览公园应该能够适应。这个研学项目非常适合首次参加研学旅行的小学四年级学生。

五、“贵阳孔学堂研学旅行手册”设计案例

孔学堂研学旅行手册

（适用于小学四年级）

一、研学前须知

1. 孔学堂简介

贵阳孔学堂坐落于贵州省贵阳市南郊，东毗大成山，西临花溪河，俯瞰国家级湿地公园花溪十里河滩，总占地 1 320 余亩，建筑面积近 15 万平方米，是贵州省高端的文化学术交流平台和传习研修基地，以及教育部批准公布的中小学生研学基地。

孔学堂一期“公众教化区”起于棂星门，过泮桥，拾阶渐上，经大成门、礼仪广场、大成殿，止于杏坛；左有溪山书院、讲堂群，右有六艺学宫、乡贤祠、阳明馆、奎文阁。大成门前耸立着孔子行教像，高 9.28 米，以纪念孔子诞辰。

2. 研学主题

游览孔学堂，领悟孔子思想，感受儒家传统文化。

3. 研学课程

感悟孔子思想，学习传统礼仪。

游览花溪国家城市湿地公园十里河滩，探索生物秘密。

了解贵阳市主要水系，做保护水源的小小宣传者。

开笔礼，感受和体验汉字的魅力。

4. 研学总结交流

研学旅行的目的是通过实践学习，拓宽视野，提高团队协作能力和社会实践能力。学生应积极参与各项活动，抓住机会学习新知识，锻炼实践能力，并与同伴分享自己的经验和感受，增进友谊和信任。

5. 天气情况

参考研学旅行期间的天气预报，穿戴合适的衣物。

6. 行李准备

行李准备可参见图 5-5。穿一套校服，并根据天气预报，带一套备用服装和鞋袜，一套洗漱用品、水杯及个人护理用品、一把伞；可以带少量零食，无需带现金；带一个可以记录、搜集信息的小本子。避免携带过多的行李。

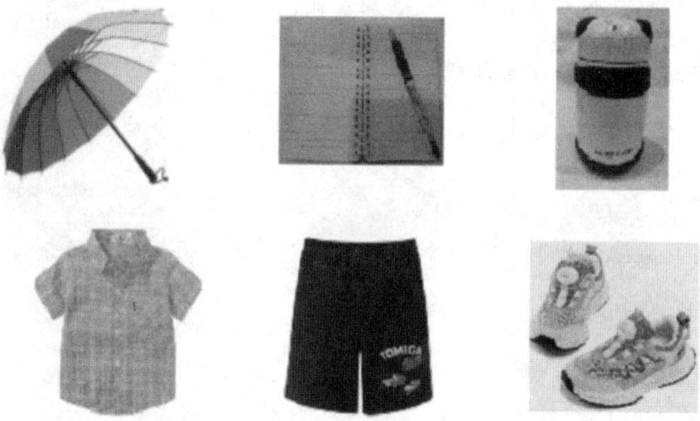

图 5-5　行李准备参考物品

7. 研学活动守则

（1）仔细阅读《研学守则》，规范个人言行，守时守规。

（2）妥善保管随身行李物品，防止财物丢失。

（3）不要携带现金和贵重物品。

（4）行走过程中严格遵守交通规则，确保自身安全。

（5）了解目的地天气状况和地理环境，准备好合适衣物。

（6）服从住宿安排，尊重和友善对待同学，和谐相处。

（7）爱护酒店内设备设施，安全用电，节约用水用电。

（8）晚上休息时锁好房门，保管好房卡或钥匙。

（9）主动熟悉酒店内的安全疏散通道。

（10）按时休息，不熬夜。

（11）离开酒店前清点整理好个人物品，不要遗落在酒店。

（12）遵守当地法律法规和社会风俗，与当地民众和谐相处。

（13）尊重服务员的劳动，谦和有礼。

（14）文明用餐，不浪费，不暴饮暴食。

（15）研学旅行中仔细聆听老师、研学导师和安全员的讲话内容并严格遵守。

（16）集体外出时，必须和小组成员在一起，不允许私自外出。

研学导师电话：

安全员电话：

老师电话：

8. 住地选择

考虑到本次研学旅行是四年级同学，而且是首次参加研学旅行活动，为了保障住宿和饮食安全，我们的住地和餐饮都选择了孔学堂的大成精舍酒店。

这家酒店接待来自全国各地到孔学堂进行学术交流的专家、学者，同学们在酒店不要大声喧哗，在餐厅应文明用餐。

9. 知识准备

应提前了解研学旅行相关的背景知识。

查阅白鹭（见图 5-6）的相关信息，了解白鹭的科属、种类、生活习性、后代繁衍方式及赞美白鹭的诗词等。

查阅福寿螺的相关信息，了解福寿螺的生活习性、后代繁衍方式等。

查阅竹子、荷花、柳树、芦苇、枇杷等植物特点和描写它们的诗句。

把搜集到的信息记录下来。

图 5-6 白鹭

10. 研学安排

本次研学活动为期两天，详细安排见表 5-4、5-5。

表 5-4　第一天研学活动安排

活动时间	活动内容	活动地点
7:50—8:00	集合（清点人数上车，记守时成绩）	学校大门口
8:05—8:50	到达孔学堂	孔学堂
9:00—9:15	步行到礼仪广场	礼仪广场
9:30—10:10	孔学堂老师讲解孔子的生平及其思想	大成殿
10:10—10:30	礼仪	礼仪广场
10:30—11:30	参观	孔学堂
11:30—11:40	乘车到大成精舍酒店	大成精舍酒店
11:40—12:15	安排住房	大成精舍酒店
12:30—14:30	中餐和午休	大成精舍酒店
14:50—16:50	步行到花溪十里河滩中部（白鹭墩）	花溪十里河滩
16:50—17:30	休息	大成精舍酒店
17:30—18:20	晚餐	大成精舍酒店
18:20—19:00	休息，进入会场	大成精舍酒店会场
19:00—20:00	专家讲解贵阳市的主要水系、几大饮用水库和花溪河及南明河，让学生了解家乡赖以生存的水源	大成精舍酒店会场
20:00—20:40	写一篇短文，题目是《让家乡的饮用水更纯净》	住房
20:40—21:00	洗漱	大成精舍酒店
21:00—7:00	休息	大成精舍酒店

表 5-6　第二天研学活动安排

活动时间	活动内容	活动地点
7:00—7:30	洗漱	大成精舍酒店
7:30—8:10	早餐	大成精舍酒店

续表

活动时间	活动内容	活动地点
8:10—8:30	步行到阳明大讲堂	阳明大讲堂
8:40—9:00	学校负责人讲话	阳明大讲堂
9:00—9:30	开笔礼	阳明大讲堂
9:50—10:40	书法讲座与书法示范	阳明大讲堂
10:40—11:00	休息	阳明大讲堂
11:00—11:30	学生书法创作	阳明大讲堂
11:30—11:40	集体诵读《弟子规》	阳明大讲堂
11:40—12:00	步行到大成精舍酒店	大成精舍酒店
12:00—14:30	午餐，午休	大成精舍酒店
14:30—15:30	小组讨论＋撰写个人总结	大成精舍酒店住房
15:30—16:30	大会成果展示、交流、颁奖	大成精舍酒店会场
16:50—17:30	乘车到学校大门口	学校大门口
—	难忘的研学旅行结束	回到父母怀抱

二、研学前准备

1. 研学方法

（1）现场体验。希望所有的学习都成为学生的一种亲身体验和长久记忆，而不是单纯的抽象概念。

（2）资料搜集。学生成长于不同的家庭环境，原有认知基础不同，想要达到研学目的必须学会搜集资料，把学到的新知识点记录下来。在家里，应学会利用手机或电脑搜集想要获得的相关资料，并把关键内容记录下来。

（3）体验性学习。游览南明河畔十里河滩，观察水系生物、植物，感受大自然的美；通过开笔礼，认识我国文字的变迁及其为文化传承所作的贡献，感受汉字的魅力。

（4）集体研究性学习。各小组成员共同学习，共同研讨，在完成个人作业的同时，还要在大会上展示交流集体研究学习成果。

2. 研学小组

研学小组信息如表 5-7 所示。

表 5-7　研学小组信息

<table>
<tr><td>研学地点</td><td colspan="2"></td></tr>
<tr><td>研学时间</td><td colspan="2"></td></tr>
<tr><td>我的姓名</td><td colspan="2"></td></tr>
<tr><td rowspan="6">小组信息</td><td>组名</td><td></td></tr>
<tr><td>组长</td><td></td></tr>
<tr><td>组员</td><td></td></tr>
<tr><td>组员</td><td></td></tr>
<tr><td>组员</td><td></td></tr>
<tr><td>组员</td><td></td></tr>
</table>

三、研学课程

课程 1　感悟孔子思想，学习传统礼仪。

课程 2　游览花溪国家城市湿地公园十里河滩美景，探索生物秘密。

课程 3　了解贵阳市主要水系，做保护水源的小小宣传者。

课程 4　参加开笔礼，感受和体验汉字的魅力，如“学”字的变迁。

小组学习要求：小组内选举一名同学做研究性学习组长，带领本组同学完成必选课程的信息搜集、整理，以及上述四个学习课程的学习任务，并最终选择一个课程以演讲、表演、艺术展示等形式，在总结交流会上表现出来。

四、课程实施

课程 1　感悟孔子思想，学习传统礼仪

首先邀请孔学堂老师讲解孔子的生平和他的思想，并对孔子的主要思想“仁”“礼”“德”所包含的意义进行详细解释，同学们应认真记录。

其中，孔子对德的要求有八个方面，即孝、悌、忠、信、礼、义、廉、耻。孝指孝敬父母；悌指尊重兄长；忠指尽己报国的责任；信指立身兴业的基点；礼指人际文明的规范；义指正直，光明磊落；廉是清白正气的根基；耻是作为人的基本底线。

然后由孔学堂老师讲解和示范中国传统礼仪，同学们应认真学习并记录。

最后参观孔学堂，同学们应作笔记，格式如下；老师应填写如表 5-8 所示的评价表。

笔记：

表 5-8　研学旅行课程活动过程评价表

评价项目		评价标准	评价结果		
			优	良	中
学习态度	认真	学习过程是否认真			
	参与	活动过程是否积极参与			
学习表现	学习准备	学习是否有准备（是否带笔和手册正常记录）			
	认真笔记	学习过程能否及时记录			
	礼仪动作	学习传统礼仪是否认真，动作基本规范			
	学习收获	学习成果呈现是否准确			
纪律意识	听从指挥	能否听从老师指挥			
	规范参观	能否按照安排有序参观			
文明礼仪	乘车	能否文明乘车			
	参观	能否文明参观			
	礼仪	能否注重礼仪规范			
	交往	能否与他人文明交往			
综合评价					
评价老师姓名		年　月　日			

课程 2　游览花溪国家城市湿地公园十里河滩美景，探索生物秘密

步行游览南明河畔的十里河滩公园，感受南明河畔的美景，记住自己感受到的河畔美景，能给家人描述美丽的景色。

仔细观察南明河，了解南明河是贵阳市的母亲河。保护水源人人有责，记住自己游览的花溪十里河滩中那条美丽的河流叫什么名字，并记录自己观察到的美景，记录格式如下。

我观察到的南明河起点的景色：

在图 5-7 中找到花溪河与南明河接壤的地方并画个圈，用文字描述花溪河的终点，描述南明河的起点，弄清楚其分界点在花溪十里河滩的南端还是北端。

近观南明河面的白鹭，观察其飞翔与落下，并注意观察有可能遇到的更多品种的鸟类。与小组同学交流自己搜集到的白鹭相关信息，如白鹭的科属、种类、生活习性、后代繁衍方式等，记录格式如下。

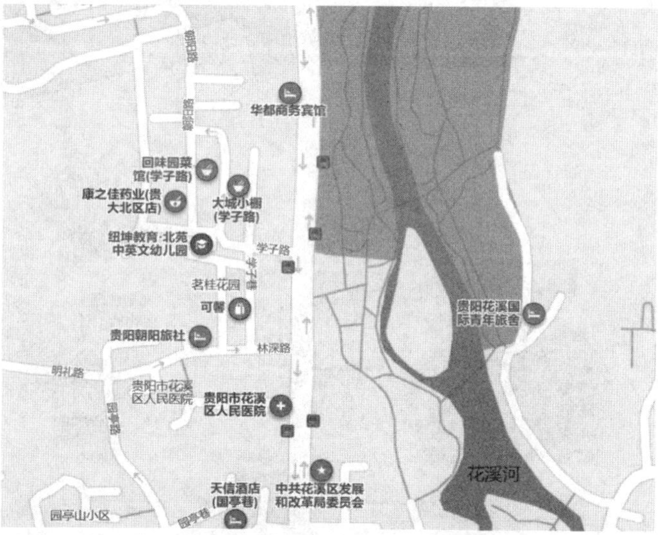

图 5-7　贵阳花溪十里河滩平面图

用文字描述你了解到的白鹭，还可以加上美丽的诗句：

观察南明河岸出现的有害物种福寿螺。可请导师讲解福寿螺的来历和害处，让学生学习福寿螺的基本特征并学会如何分辨，提醒学生不要用手触摸，避免把寄生虫带入自己体内。福寿螺的有关知识见图5-8，学习后作好记录，格式如下。

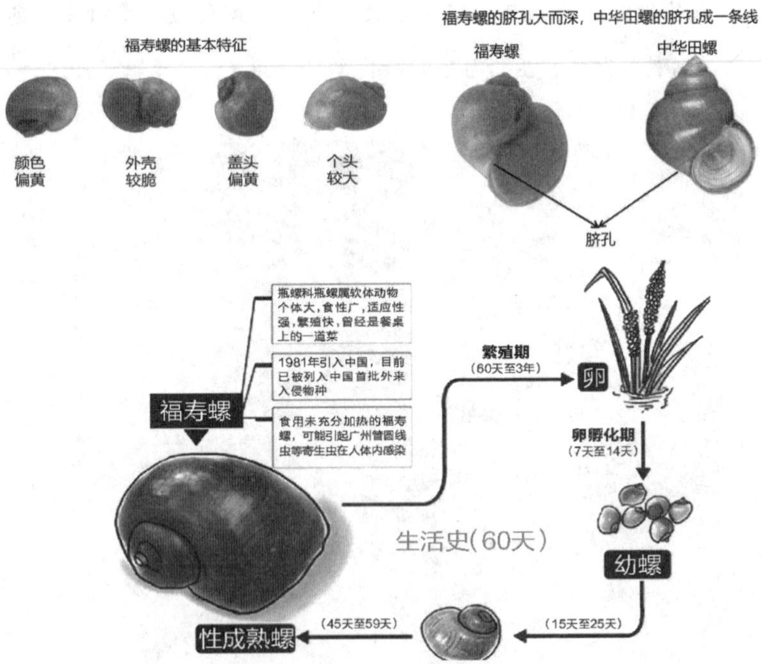

图 5-8 福寿螺的有关知识

你能分辨福寿螺吗？写出分辨福寿螺的要点。福寿螺是有害的入侵物种，你知道怎么消灭它们吗？你喜欢吃炒螺吗？如果不幸感染管圆线虫会有什么后果？

观察植物芦苇、花草和各种观赏树木及荷塘等，并作好记录，格式如下。

你认识五种以上植物吗？说说它们的特点，用诗句赞美其中一种植物：

在此过程中，老师应填写如表 5-9 所示的过程评价表。

表 5-9　研学旅行课程活动过程评价表

<table>
<tr><th colspan="2" rowspan="2">评价项目</th><th rowspan="2">评价标准</th><th colspan="3">评价结果</th></tr>
<tr><th>优</th><th>良</th><th>中</th></tr>
<tr><td rowspan="2">学习态度</td><td rowspan="2">认真参与</td><td>学习过程是否认真</td><td></td><td></td><td></td></tr>
<tr><td>活动过程是否积极参与</td><td></td><td></td><td></td></tr>
<tr><td rowspan="8">学习表现</td><td>学习准备</td><td>学习是否有准备（是否带笔和手册正常记录）</td><td></td><td></td><td></td></tr>
<tr><td>认真笔记</td><td>学习过程能否及时记录</td><td></td><td></td><td></td></tr>
<tr><td>认识南明河</td><td>能否准确标注南明河的起点和花溪河的终点否</td><td></td><td></td><td></td></tr>
<tr><td>认识白鹭</td><td>是否了解白鹭的科属、种类、生活习性、后代繁衍方式</td><td></td><td></td><td></td></tr>
<tr><td>认识福寿螺</td><td>福寿螺是侵入的有害物种，能否说出它的害处</td><td></td><td></td><td></td></tr>
<tr><td>欣赏植物</td><td>能否认识 5 种以上植物并说出它们的特点</td><td></td><td></td><td></td></tr>
<tr><td>合作学习</td><td>能否积极与组内成员合作学习</td><td></td><td></td><td></td></tr>
<tr><td>学习收获</td><td>学习成果呈现是否准确</td><td></td><td></td><td></td></tr>
<tr><td rowspan="2">纪律意识</td><td>听从指挥</td><td>能否听从老师指挥</td><td></td><td></td><td></td></tr>
<tr><td>规范参观</td><td>能否按照安排有序参观</td><td></td><td></td><td></td></tr>
<tr><td rowspan="4">文明礼仪</td><td>参观</td><td>能否文明参观</td><td></td><td></td><td></td></tr>
<tr><td>环保</td><td>南明河是母亲河，能否自觉保护南明河水的纯净</td><td></td><td></td><td></td></tr>
<tr><td>礼仪</td><td>能否注重礼仪规范</td><td></td><td></td><td></td></tr>
<tr><td>交往</td><td>能否与他人文明交往</td><td></td><td></td><td></td></tr>
<tr><td colspan="2">综合评价</td><td colspan="4"></td></tr>
<tr><td colspan="2">评价老师姓名</td><td colspan="4">年　月　日</td></tr>
</table>

最后，各小组讨论交流“观十里河滩美景，探索生物秘密”的收获，并用研学旅行指导师提供的0号铜板白纸和彩色卡纸，用粘贴板方法做一张学习成果展示图。

粘贴板制作步骤如下。

（1）各小组讨论交流“观十里河滩美景，探索生物秘密”收获。讨论内容为：描述母亲河南明河的起点和美景，描述美丽的白鹭，为什么说福寿螺是害物种，观察到的植物以及相关诗句。

（2）用关键词把以上四个讨论内容表述出来（先写在草稿纸上），并把四个题目的关键词分别梳理好先后顺序（每个题目用多个关键词表述）。

（3）总结粘贴板制作方法：每个题目用一种颜色。先用彩色卡纸剪成自己喜欢的形状——小色板，每个小色板写一个关键词——每个题目可以用多个关键词表示；然后用0号铜板白纸，上端写上标题“观十里河滩美景，探索生物秘密”，第二行写小组名称和小组成员姓名，下面写四个讨论标题（横向或纵向排列都可以），并把写好关键词的小色板依次粘在每个标题后面。粘贴板制作时，小组可以自己检查与调整。

（4）粘贴板展示：粘贴板制作完成后，由小组成员演练成果汇报，组长简要介绍总体情况。四个内容分别由四位同学负责汇报，汇报时间是最后一天下午。

课程3　了解贵阳市主要水系，做保护水源的小小宣传者

认真聆听关于贵阳市水系的讲座，作好记录，分组讨论下面几个问题：贵阳市有三个饮用水源，你知道是哪几个吗？贵阳市除了南明河，还有其他哪些河？它们和南明河有关联吗？如果你是保护水源的小小宣传者，准备从哪几个方面向人们宣传？以“我是保护水源的小小宣传者”为题目写一篇作文，格式如下。

我是保护水源的小小宣传者

在此过程中，老师应填写如表 5-10 所示的过程评价表。

表 5-10　研学旅行课程活动过程评价表

评价项目		评价标准	评价结果		
			优	良	中
时间观念	守时	是否按时到会场			
学习表现	学习过程	学习过程能否及时记录			
	小组交流	能否与他人交流分享			
	学习收获	学习成果（作文）内容是否准确			
文明礼仪	礼仪	是否文明进会场，注重礼仪规范			
	交往	能否与他人文明交往			
团队意识	交流	能否在小组内有效交流			
	和谐	是否有和谐的小组团队氛围			
综合评价					
总成绩					
评价老师姓名		年　月　日			

课程 4　参加开笔礼，感受和体验汉字的魅力

开笔礼是中国古代人生四大仪礼之一，俗称“破蒙”，是中国传统文化中启蒙教育的一种形式。在开笔礼中，学生将接受一系列启蒙教育，包括学习人生最基本、最简单的道理。

（1）开笔礼仪式：一是正衣冠。学生穿好汉服后，需要整理好衣冠，以示对传统文化的尊重和学习。二是拜师恩。学生向老师表达敬意和感激之情，以示尊师重道的精神。三是“朱砂启智”，又称“开天眼”，意为开启智慧，寄托着对孩子们未来学习的期望和祝福。四是击鼓明志，学生通过击鼓表达自己的志向和决心，以示有志者事竟成的信念。

（2）开笔礼的主要内容：一是启蒙书法。给学生讲解汉字从象形文字——甲骨文——金文——篆体——繁体——简体的演变过程。汉字是世界上使用人数最多的文字之一，也是中华文明的重要载体，汉字的演变过程具有独特的特点和价值。老师可通过大屏幕，示范“人”字的演变过程（见图 5-9），学生用毛笔在空白卷轴上书写“人”，以示明白做人的基本规范，将进入努力学习的阶段。二是学生集体诵读《弟子规》，以示对传统文化的传承和学习。

图 5-9　人字的演变过程

在此过程中，老师仍应填写如表 5-11 所示的评价表。

表 5-11　研学旅行课程活动过程评价表

<table>
<tr><th colspan="2" rowspan="2">评价项目</th><th rowspan="2">评价标准</th><th colspan="3">评价结果</th></tr>
<tr><th>优</th><th>良</th><th>中</th></tr>
<tr><td>时间观念</td><td>守时</td><td>是否按时到会场</td><td></td><td></td><td></td></tr>
<tr><td rowspan="4">学习表现</td><td>学习过程</td><td>学习过程能否及时记录</td><td></td><td></td><td></td></tr>
<tr><td>开笔礼</td><td>态度是否认真，动作是否规范</td><td></td><td></td><td></td></tr>
<tr><td>书写</td><td>书法作品是否完整</td><td></td><td></td><td></td></tr>
<tr><td>诵读</td><td>能否流畅诵读《弟子规》</td><td></td><td></td><td></td></tr>
<tr><td rowspan="2">文明礼仪</td><td>礼仪</td><td>是否文明进会场并注重礼仪规范</td><td></td><td></td><td></td></tr>
<tr><td>交往</td><td>能否与他人文明交往</td><td></td><td></td><td></td></tr>
<tr><td rowspan="2">团队意识</td><td>交流</td><td>能否在小组内有效交流</td><td></td><td></td><td></td></tr>
<tr><td>和谐</td><td>是否有和谐的小组团队氛围</td><td></td><td></td><td></td></tr>
<tr><td colspan="2">综合评价</td><td colspan="4"></td></tr>
<tr><td colspan="2">总成绩</td><td colspan="4"></td></tr>
<tr><td colspan="2">评价老师姓名</td><td colspan="4">年　月　日</td></tr>
</table>

五、研学总结

各小组从四个研学课程中选择一个学习成果，作为小组作品展示。可以是学习总结粘贴板、作文、作品、表演等，表现形式由小组决定。研学指导师填写表 5-12。

表 5-12　研学小组评价表

小组名称：				
分数板块	专业老师（50%）	同伴互评（20%）	自我评价（30%）	总占比权重（%）
感悟孔子思想 学习传统礼仪				100
观十里河滩美景 探索生物秘密				100
做保护水源的小小宣传者				100
开笔礼				100
结业汇报 （评委评分）	A（　）B（　）C（　）D（　）			
研学导师签字				

至此，本次孔学堂的研学旅行活动结束。

希望同学们成为具有高尚品德、尊重他人、追求真理、努力学习、开拓创新，勇于承担责任、勤俭节约并具备远大理想的人。

说明：研学手册是发给每位学生的学习手册，内容包含研学旅游主题、研学旅游时间与地点、需要学生准备的相关知识、学生需要携带的个人用品、研学课程活动内容（预留学生记录的空白处）、课后作业要求、老师和研学旅行指导师的联系电话等内容，应图文并茂且精美、实用，可以作为学生的收藏纪念册。

六、研学旅行活动教学设计小结

研学旅行活动教学设计主要包含研学路线设计、研学旅行教案设计、研学手册设计，简单总结如下。

（1）研学线路的设计要根据学校提出的研学主题，由学校和承接研学活动的研学旅行机构共同选定一个或几个研学基地。研学旅行机构应根据选定的研学基地设计研学旅行活动的基本路线，同时要结合沿线可利用的研学资源设计车上车下解说词或互动内容，让参加研学的学生获得最大的学习收获。

（2）研学旅行教案设计是研学旅行活动最重要的研学执行教案。研学旅行教案的质量关系到研学活动的整体效果，关系到是否达到“研学优”的教育质量问题。

研学旅行教案设计应当由学校主导、研学旅行机构参与共同完成。要根据研学主题、研学路线、研学基地的教学资源，结合学生已有的知识和认知能力确定教学目标。同时关注相关学科知识点与本校的教学内容相结合，能引导学生在实际情境中的应用书本知识。注重培养学生的观察能力、思考能力、实践能力和解决问题的能力。教学设计还要注重培养学生的团队合作意识和沟通能力，要培养学生的社会责任感和文化素养，提升学生的综合素质。在研学活动设计中，要根据研学内容选择适当的教学方法。研学活动要确保每位学生都能参与活动，都能有发表研究学习内容的机会，让所有孩子都有所收获。对学生研学效果的评价，要注重过程评价和成果评价相结合，并以鼓励性评价为主。

研学旅行活动结束后，研学旅行机构应与学校老师一起总结和分析这次研学旅行教案实施过程的成功与不足。努力改善，不断提高，才能把我们国家的研学旅行办成国家放心、百姓欢心的教育活动。

（3）研学旅行手册的开发应依据研学旅行的教案内容。研学旅行手册要发给每位学生，应图文并茂，色彩插图要符合各学段的学生审美。内容包括旅行的主题、目的和期望学生通过此次旅行获得的知识与技能。

手册应提供详细的行程安排，包括出发时间、到达目的地点、研学旅行的课程安排、教学方法和学生活动要求等。同时，应详细列出研学活动的具体内容、研学地点、实践项目、互动学习的环节等。要预留每个活动环节学生记录、书写心得或总结的空格。手册还要包含每个环节的评价表。

手册可以提示学生预先查阅研学活动涉及的课外知识，也可以提示让学生预先查看目的地的文化特色，包括历史背景、风土人情、传统习俗等相关介绍，让学生在旅行中感受文化的魅力，增强文化自信。

研学旅行中学生的安全需要高度重视，手册一定要包括旅行期间的安全措施信息，要为学生提供紧急联系方式和求助途径，以便在紧急情况下能够迅速得到帮助。手册还应包含研学旅行中常见的问题及其解答，包括出行应带的物品等。

第六章　研学教育模式的效果分析

一、研究背景

研学模式教育是以任务过程为导向的教育理念，为学生提供动态和灵活的教学方法，激发学生的自我效能感，满足不断发展的教育需求。这种教育模式强调学生亲身实践任务达成的全过程，要求学生运用所具备的知识和经验完成学习任务，通过自主探究和实践，锻炼创新思维能力和解决问题的能力。在不同的环境和学习情境下，学生以学习小组的形式共同面对各种挑战和问题，小组成员在不断交流中激发创新思维，产生更好的解决方案。这种教育模式不仅能让学生收获知识，提升学生的学科素养、人际交往能力、独立自主能力、创新思维能力、情感体验等，增强学生的自信心和勇气，还能培养学生的团队合作精神和与人沟通的能力。

研学模式教育不仅是学校教学方法的改变，还有研学旅行、研学实践等活动。学生可以走出教室，走进大自然和社会，深入了解新的文化、历史、社会、科学和自然环境，拓展知识和视野；同时学生还可以通过实践、观察、分析和实验等方式，提升学科素养等。这样的教育模式符合我国对创新创业能力高素质人才培养的需要，也符合联合国教科文组织关于公平、高质量教育的目标。

2023 年 8 月，联合国秘书长古特雷斯在其一个公共政策简报中提到了

“转变教育”，明确表示当前的教育系统仍然存在资源分配不均现象，需要远离传统的静态的教育概念，建立一个更具适应性和有效的教育系统。事实上，两年前，一篇题为《承认和克服教育不平等》的文章就发表在联合国官方网站上。文章指出，“教学设备和教师，教师能力和水平，课程设计水平，和可能的不公平待遇的弱势群体”是导致教育不平等的一些因素，是造成教育不平等的原因之一。[①] 教育也被视为一项基本人权，不仅在其他意义上实现人权，而且影响人民的总体福祉和生产力，有助于创造包容性和公平的社会。[②] 利用教育作为促进就业、改变命运甚至提高家庭经济地位的手段，在中国已经成功地实施。一个人接受职业教育，一个人就业，一个家庭脱贫，“已经成为中断贫困代际传播的最快方式”。然而，由于地理位置和学校间的差异，教学资源分布严重不均匀；同时由于学生的个体差异，学生在传统课堂上掌握的知识程度并不一致。

在此背景下，我们认识到了学前教育的严峻挑战，借鉴联合国的观点，认为教育形式需要转变，以更好地满足不同学生的需求。研学教育的教育方式很多，户外冒险教育（OAE，Outdoor Adventure Education）就是其中之一。我国政府鼓励和支持高职院校为校内外的学习者提供培训或体验式学习的机会，这不仅有助于提高学习者的劳动质量，而且有助于提高实践培训设备的利用率，改善资源的不公平分配。OAE 强调实际挑战、团队合作和运用知识的能力，这些元素符合教育 OBE 概念，强调学生实践能力和综合能力的发展。

为此，要科学地判断研学模式教育对学生提高自我效能感是否有帮助，

---

① Transforming Education: Ensuring children and societies are learners. (2023, August 4). UN News. https://news.un.org/en/story/2023/08/1139447.

② 联合国新闻：《联合国呼吁重塑全球教育系统，创建学习型社会》，https://news.un.org/zh/story/2023/08/1120387，访问日期：2024 年 4 月 4 日。

并解决教学效果的评价问题，我们利用OBE教学模型，选择高职院校学生进行研学的教学模式对学生自我效能感的影响进行研究，旨在对研学模式教育方式给出科学的评价，提出变革性的见解，为推动教育改革实践进步和可持续发展作出贡献。

二、研究项目分析

由于OAE项目通常是通过短期培训进行的，可以广泛吸收来自不同专业甚至来自不同学校、地区和国家的学生一起参加活动。通过对中国高职院校实训室课程进行重组和优化，完全有可能实现优质课程、实践培训设备、专业教师等教学资源的共享，并提供多轮短期课程，为校内外学习者提供更灵活的时间，参与职业技能再培训和再提升，以实现联合国教科文组织提出的终身学习和可持续发展的目标要求。

本研究将OAE与OBE相结合，探讨如何提高知识迁移，明确学习动机，最终实现学生提高学习效率的教育目的。

1. 研究目的和研究问题

本研究的主要目的是在OBE模型评估框架内，探讨OAE教育模式对提高高等职业教育学生动力和自我效能感的影响。具体来说，本研究的目的是评估OAE项目在OBE教育模型中增加学生动力的有效性，以及评估OAE对学生自我效能感的影响，即学生对自己在教育环境中达到预期效果能力的信念，也就是研究OAE、OBE模型与提高学生动力和自我效能感的关系。为实现这些目标，本研究将解决以下几个问题。

问题1　OAE教育计划对G省某职业院校在OBE模型下施教，对学生的学习积极性有何影响？

问题 2　在教育实施中，OAE 对学生自我效能感的影响是什么？

问题 3　OBE 和 OAE 项目如何共同努力提高学生的动机和自我效能感？

这些研究问题将指导我们对 OAE 在 OBE 教育模式中的优势进行调查，阐明这些创新方法如何积极影响学生的幸福感及其在学习过程中的信心。

2. 研究框架和理论依据

（1）研究框架

研究框架建立在两个杰出的教育理论相结合的基础上，即基于结果导向的教育（OBE）和户外冒险教育（OAE）。

基于结果导向的 OBE 教育模型对教育改革有积极的推动作用。OBE 模型理论把学生的学习成果作为评判教学质量的重要指标。例如，在基于结果导向的方法中，课程、教学设计和评估，不是使用教科书来确定课程目标和教学内容，而是为了确保实现教学目标而设计的教学内容[①]。因此，OBE 模型专注于学生真实的实践过程、真实获得的技能和能力，这几乎与学生需要"做中学，学中做"的模式相一致。

户外冒险教育（OAE）是一种体验式学习方法，包括户外活动、挑战和团队合作，可以整合到多个课程和学科领域中，已被证明能促进个人发展，提升领导力和自我效能感。早期的研究人员认为，户外冒险教育包含三个重要的要素，即环境教育、社会和个人。[②] 随着 OAE 的应用与发展，一些学者

---

① Alley-Johnson E K. Teachers' Perceptions of the Effects of Implementation of Outcomes-based Education: A Qualitative Analysis (Wayne State University, 1993)

② Deane K L, Harré N. The Youth Adventure Programming Model Journal of Research on Adolescence, 2014, 24(2):293–308.

逐渐认识到，户外教育可能不是狭隘的“暴露于自然环境”的教育方式，而是通过沉浸式教育[①]来体验基于感官刺激的学习形式。

（2）自我效能感

自我效能感是社会认知理论中的一个概念，是指个体对自己执行特定任务和实现目标的能力的信念，在动机和学习[②]中起着至关重要的作用。本研究探讨在 OBE 模型背景下，OAE 如何影响学生的自我效能感信念。

（3）学习动机

学习动机是指鼓励学生参与学习活动的内在因素[③]。该研究探讨参与 OAE 项目如何影响学生在 OBE 框架内的学习动机。

由亚历山大・阿斯汀（1985—1991）提出的 I-E-O 模型是高等教育中最具影响力的模式之一。模型强调的“输入”是指学生在进入新的学习环境前的特征，包括思想观念、过去经验和个人背景；“环境”是指年轻学生在新的学习环境中的新体验，也可以理解为大学期间的学习体验；“结果”是指年轻学生在“环境”[④]影响下形成的知识体系、价值观、信念和态度。

（4）研究基础

社会认知理论和艾伯特・班杜拉的自我效能感为理解自我效能信念的形成及其影响行为提供了基础。该理论用于探讨 OAE、自我效能感和学习动机之间的关系。

---

① Robson P W. The Influences of Canadian Outdoor Adventure Education on Personal and Spiritual Growth（University of Windsor, 2020).

② Dumas D. Self-Efficacy, Motivation, and Perceived Socioeconomic Status on Students' Perceived Educational and Career Barriers (Capella University,2020).

③ Tinto V V. Tinto (Model of Student Departure, 1993). 2021.

④ Donaldson G W, Donaldson L E. Outdoor Education a Definition, *Journal of Health, Physical Education, Recreation*, 1958, 29(5):17–63.

三、关于 OAE 教育形式的应用

OAE 教育形式可以追溯到 20 世纪初。早期的研究人员将户外冒险教育定义为“关于户外的教育”[①]。这种类型的学习通常由几个关键要素来定义，即地点（户外）、方法（体验教育）、过程（通过感官发现）、纪律（生态）和事业（倡导团体）等。因此，OAE 可以被理解为基于感官学习的教育形式。由于 OAE 在教育方法上的优势，美国、加拿大、英国和日本等国已经不同程度地引入并不断改进了自己的 OAE 项目。在 OAE 的动态演变过程中，德国教育家 Kurt Hahn 强调了教育中挑战和冒险的重要性，并强调了经验学习、团队合作和自我发现。他的思想对 OAE[②] 领域产生了深远而持久的影响。21 世纪里，人们越来越认识到 OAE 可以提高教育各个方面的潜力。研究人员已经认识到传统课堂可能不是唯一的教学环境，而且很可能无法为学习者提供社交情感学习机会，而 OAE 对学习者在个人发展、领导技能、环境意识甚至学术上成就方面的影响肯定是明显的。[③]

1. OBE 教育理念在教育中的应用

OBE 提倡重塑课程设计、教学实施方法和评估学习者的学习结果。这一理念更注重培养学习者在教学中的思维能力和在沉浸式教学环境[④]中控制实

---

① Stott T, Ustin A. Kurt Hahn: Inspirational, Visionary, Outdoor and Experiential Educator, *The Journal of Experiential Education*, 2012, 35 (2): 393.

② Briggs R. Getting Results: Leadership and Cross-cultural Adaptability within a Multinational Corporation (Mountain State University, 2012).

③ Spady W G. Outcome-based Education: Critical Issues and Answers (Arlington: American Association of School Administrators), 1994.

④ Bandura A. Applying Theory for Human Betterment, *Perspectives on Psychological Science*, 2019, 14(1): 12–15.

践技能的能力。

2. 自我效能感的理论与研究

自我效能感是著名心理学家艾伯特·班杜拉提出的一个概念，在社会认知理论中具有非常重要的地位。该理论认为，学习者坚信自己可以完成一个特定的任务，并达到预期的结果。[①] 根据班杜拉的理论，自我效能感主要来自四个维度，即掌握经验（实际表现成就）、替代经验（观察他人的经验）、社会说服（被他人鼓励或劝阻）、身体和情绪状态。[②] 在研究人员的研究中，我们发现，那些自我效能感更高、更有挑战性的完成学习能力的人，在面对障碍时会表现出更强的毅力。

3. 影响学生学习动机的关键因素

动机是一种复杂的多层次结构，在学习过程起着至关重要的作用，是促进人体具有行为、决定行为、指导行为并确保行为[③] 连续性的重要因素。Yilmaz H 和 Cava（1970）认为，学习动机有四个明显的特征，即个人认知评估的结果、动机的原因、动机的流动性和认知的解释。

---

① Bandura A. *Social Cognitive Theory: An Agentic Perspective on Human Nature*.(John Wiley & Sons), 2023.

② Hermans H J. A Questionnaire Measure of Achievement Motivation, *Journal of applied psychology*, 1970, 54(4): 353.

③ Yilmaz H, Çava P H. Reliability and Validity Study of the Students' Motivation toward Science Learning (SMTSL) Questionnaire, *Elementary Education Online*, 2007,6(3):430-440.

四、实验方法

1. 研究对象和研究设计

研究对象为我国中西部 G 省某高职院校二年级学生。实验分为 A、B 两组：A 组为实验组，接受 OAE 挑战；B 组为对照组，不接受 OAE 挑战。教学设计为培养学生对“发酵”的理解。在这个过程中，学生将了解微生物发酵、发酵技术和进行这种生产活动的内在动机。

A 组和 B 组的学生在学习环境中将面临不同的挑战；B 组学生在传统的课堂上上课，学习“酿造”“蜡染”“手工绿茶”三个模块。教学方法是教师作示范，学生实践培训，评估方法是笔试和实践培训。A 组学生将受到传统 OBE 教学系统下 OAE 项目的挑战。研究者选择了三个不同的课程，但都以发酵为主题，通过微生物发酵的酿酒和蜡染，以及自然染料的蜡染，学生有机会学习如何使用天然染料和微生物进行发酵。通过酿酒的微生物发酵、蜡染的天然染料的发酵和生产，以及手工绿茶的微发酵现象，学习者了解了微生物在人们生产和生活中的有益之处，认识到了微生物在生产中的合理应用。学习活动之前，老师将发布一份特别的 OAE 课程手册，提前告知学习者学习计划、学习内容、评估方法、参考书和旅行前准备等。学习过程中，学习者在参与模块化学习小组 OAE 项目主任的指导下，每两天完成一个模块。

A 组和 B 组参与了这次课程，但有不同之处：在 OAE 项目的影响下，A 组的学生主要是体验学习，通过实践经验强化了学习效果。

由于该项目的模块化性质，两组学生都在研究的第 7 天进行测试。测试以小组结果展示和学习成果汇报的形式进行，教师对小组表现和个人表现进行评估与评分。演示和汇报可以自由选择，例如“研究论文 + PPT 演讲”、主题演讲、技能演示或其他艺术演示形式。

整个研究方案设计如图 6-1 所示。

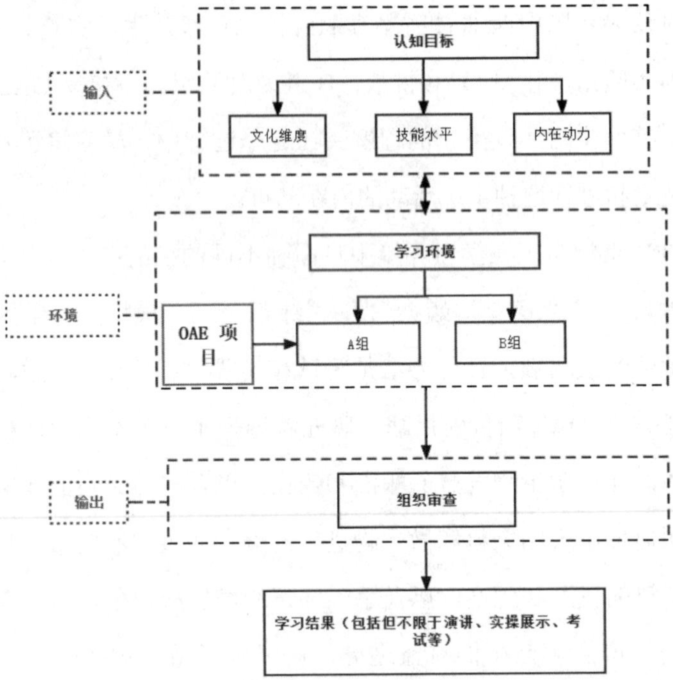

图 6-1　研究方案设计

2. 样本量计算

在社会科学领域的学术研究中，学者们往往会在做实证研究前通过确定显著性水平、统计检测力、（预估）效应量来计算出需要的样本量大小。这一过程被称为先验的统计检测力分析（Priori power analysis）。先验的统计检验力分析是大多数研究中最常遇到的问题，掌握之后也可以在计算其他参数时达到举一反三的效果。

（1）测量样本量的工具

本研究在正式启动之前，笔者使用了德国杜塞尔多夫大学开发的，专门用于计算统计功效及样本量的统计软件 G*Power（如图 6-2 所示），本研究采用的是 3.1.9.4 版本。该软件可以计算 T 检验、F 检验、χ2 检验、z 检验、Fisher 检验等不同检验方法的样本量。

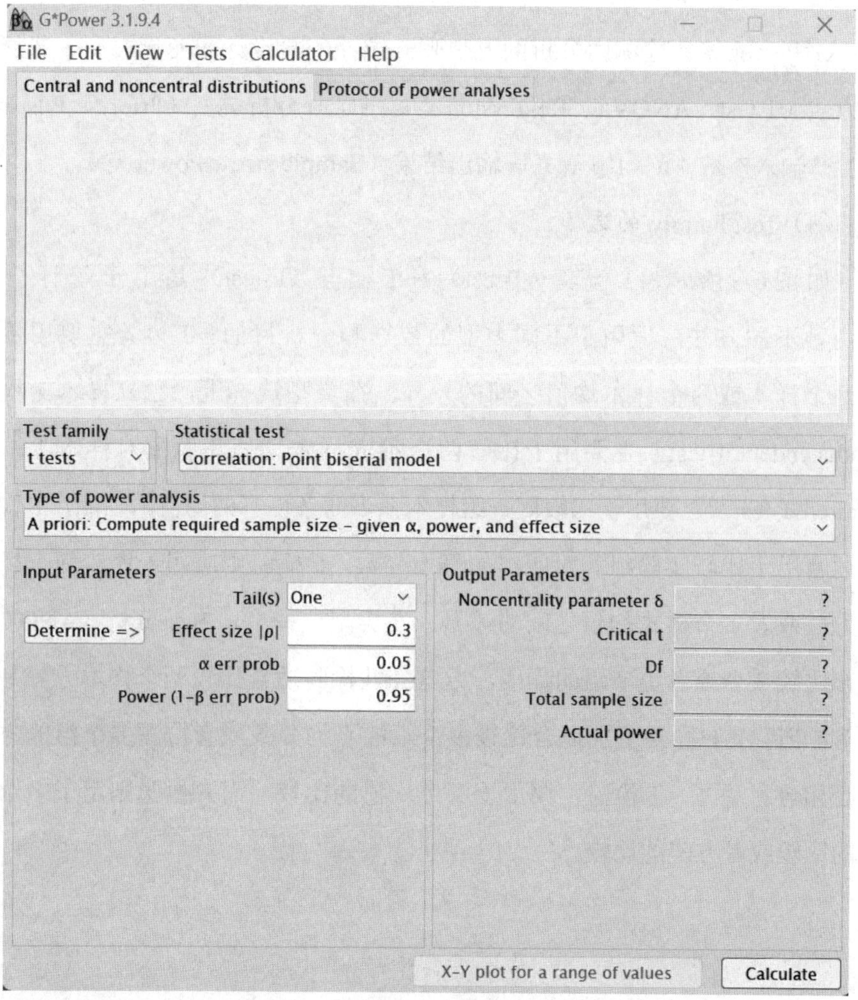

图 6-2　G*Power 软件的界面

一般而言，量化研究常常使用假设检验的方式进行实验设计和数据处理，假设检验的过程涉及四个关键参数，分别是α（显著性水平）、1-β（统计检测力，power）、Effect size（效应量）和 Sample size（样本量）。研究者们在做实证研究前常常通过确定显著性水平、统计检验力、（预估）效应量来计算出需要的样本量大小，这一过程被称为先验的统计检测力分析。

（2）测量样本量的步骤

G*Power 统计检测力分析的五步骤：统计实验设计和变量类型→选择统计方法（T-test、ANOVA、Regression 等）→选择分析类型（Priori 、Post-hoc 等）→输入参数（α、1-β 等）→输出结果（Sample size、Power 等）。

（3）Test Family 的选择

如图 6-3 所示，T 检验（T-test）和 F 检验（F-test）是用于统计分析的两种不同方法，适用于不同类型的数据和分析目的。T 检验主要用于比较两个样本或两个样本均值之间的差异。在类型选择上，独立样本 T 检验（Independent T-test）主要用于比较两个独立样本均值，而配对样本 T 检验（Paired T-test）主要用于比较同一组样本在不同条件下的均值。因此，T 检验更适合用于比较实验组和对照组的平均分数，F 检验则应用于比较两个样本的方差或者多个样本均值之间的差异。在类型选择上，方差分析（ANOVA）适合比较 3 个或者更多组的均值，方差齐性检验适合比较两个样本方差是否相等。所以，F 检验更加适合比较多个组的平均分数或者检测多个组的方差是否相等。总之，T 检验主要用于两个均值的比较，而 F 检验则用于多个均值的比较或者方差的比较。

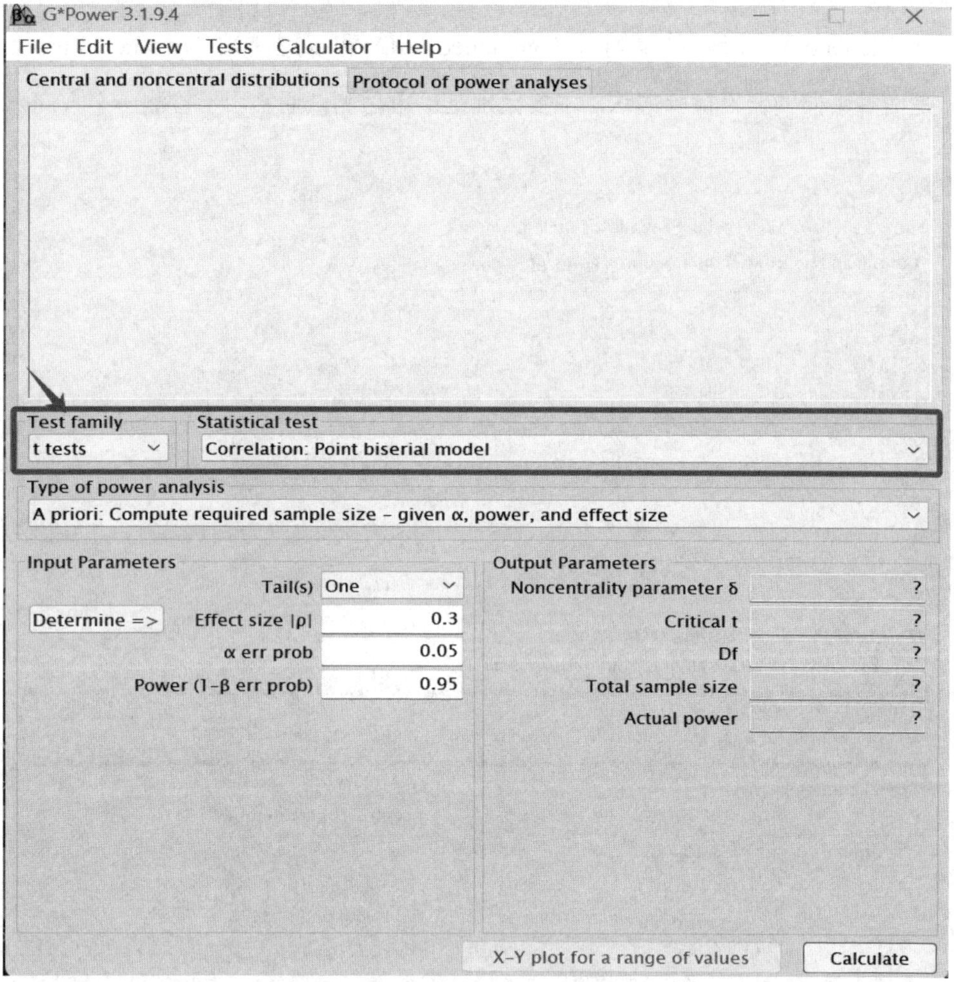

图 6-3 Test Family 的选择

（4）关于单尾测试（one-tailed test）和双尾测试（two-tailed test）的选择

如图 6-4 所示，单尾测试（one-tailed test）和双尾测试（two-tailed test）是两种不同的假设检验方法，主要区别是：单尾测试通常用于检测一个方向

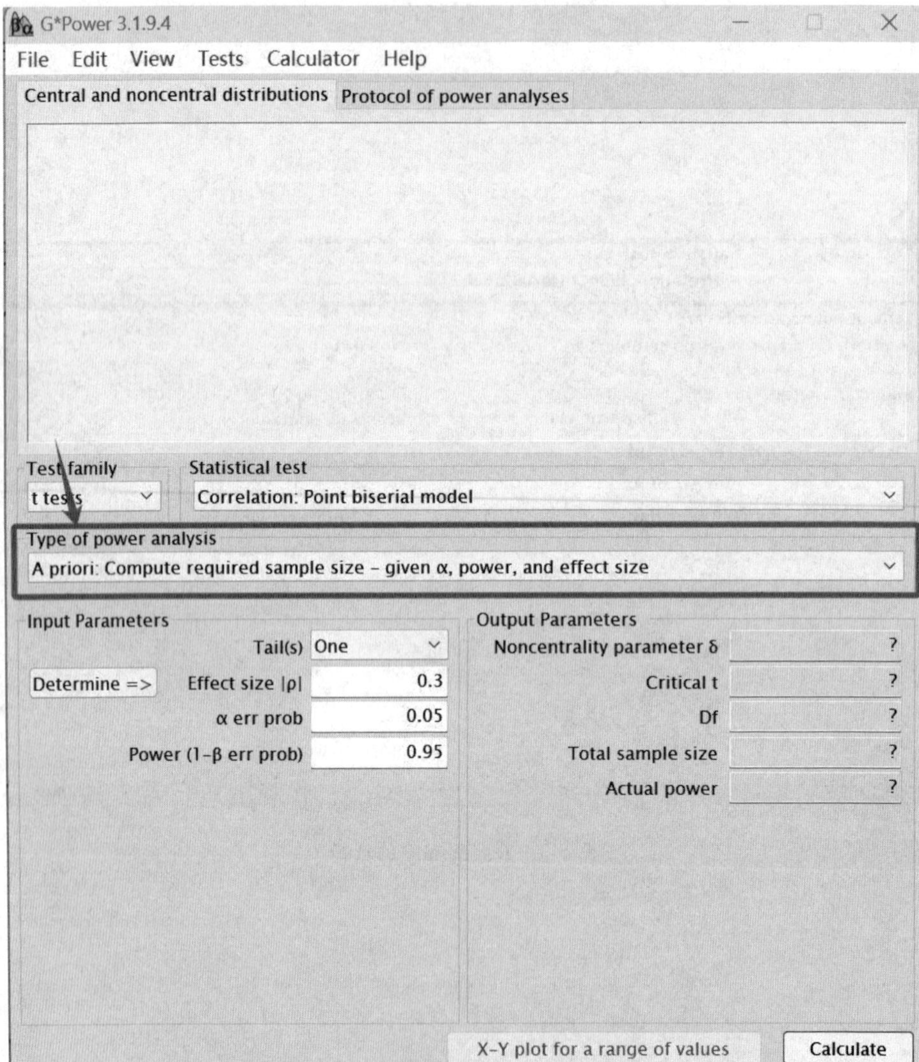

图 6-4　单尾测试和双尾测试的选择

上的显著性差异，例如，是否大于或小于某个值。零假设通常是“没有差异”，而备择假设是“有差异且方向已知”。例如，测试新药是否比现有药物效果更好。双尾测试通常用于检测两个方向上的显著性差异，例如，是否不同于某个值。零假设是“没有差异”，而备择假设是“有差异但方向未知”。例如，测试新药是否与现有药物效果不同（更好或更差）。简单来说，单尾测试只考虑一种方向的偏离，而双尾测试考虑两种方向的偏离。

（5）关于“Input Parameters”关键参数的设置

“Input Parameters”指的是研究者需要输入的一些关键参数，用于计算所需的样本量或其他统计功效分析（如图 6-5 所示）。这些参数的设置取决于研究者的具体研究设计和统计要求。以下是一些常见的输入参数及其设置建议。

效应量 (Effect size)：反映研究中预期效应的大小，常用的效应量有 Cohen's d、f、η^2 等。可以根据之前的研究或领域内的常规标准来设置（例如，小效应 d=0.2，中效应 d=0.5，大效应 d=0.8）。

显著性水平 (α err prob)：在统计分析中，显著性水平用于控制第一类错误（Type I error）的概率，即在实际没有效应的情况下错误地拒绝零假设的概率。通常设置为 0.05，即 5% 的显著性水平，这意味着有 5% 的风险会出现这种错误。

当研究者在进行假设检验时，显著性水平决定了 *P* 值的阈值。如果 *P* 值小于或等于 α err prob，研究者就应该拒绝零假设，认为存在统计显著效应。设置这个参数时，常见的值是 0.01、0.05 和 0.10。

统计功效 (Power)：是检验假设检验中是否能正确拒绝零假设（即发现真实效应）的概率。统计功效越高，意味着检验发现实际效应的能力越强。常用的统计功效值为 0.80 或 0.90，即希望有 80% 或 90% 的概率能够检测到真实存在的效应。

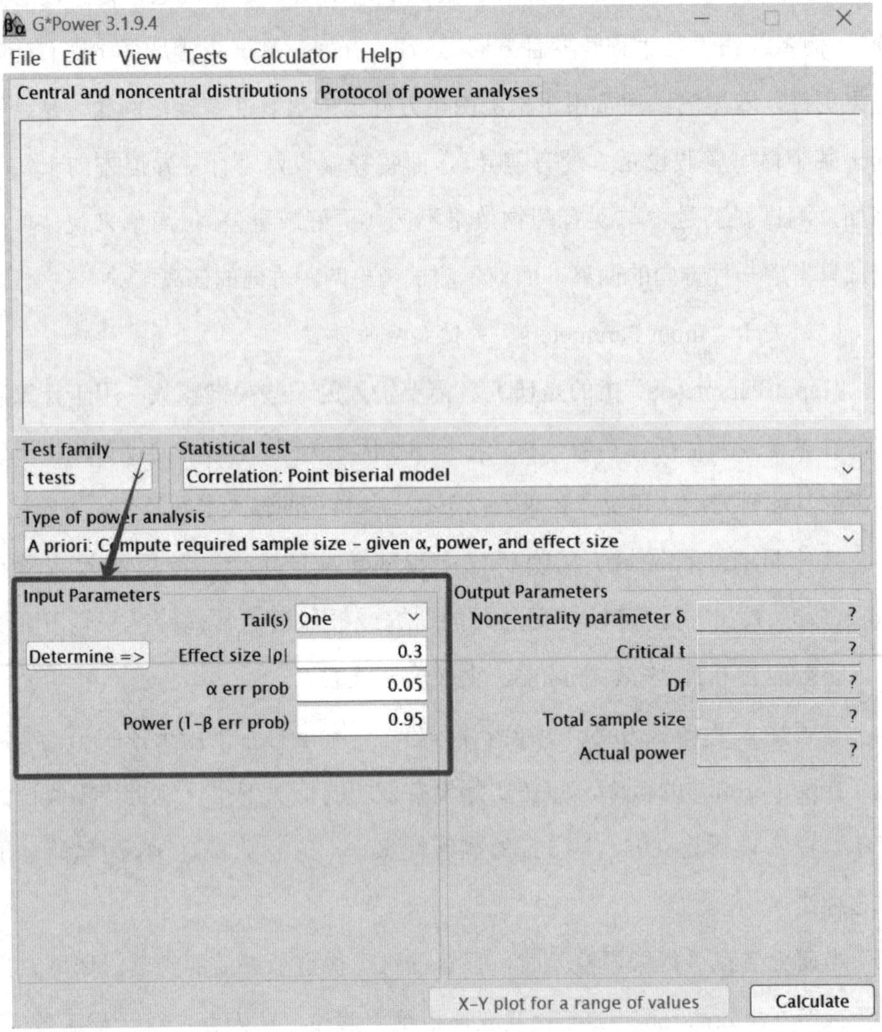

图 6-5 Input Parameters 关键参数的设置

统计功效受几个因素影响，包括效应量、样本量和显著性水平。增加样本量或效应量，或者降低显著性水平，可以提高统计功效。确保高统计功效有助于减少第二类错误（Type II error），即在实际有效应的情况下错误地未能拒绝零假设。

组数 (Number of groups)：根据研究设计，输入实验组和对照组的数量。

每组样本量 (Sample size per group)：需要估计或根据之前研究的数据进行设置。

设置这些参数时，最好基于先前研究的数据或领域内的标准来决定。如果研究者不确定效应量等参数的具体值，可以进行敏感性分析来评估不同参数设置对样本量的影响。

（6）关于 Output Parameters 的参数解读

在 G*Power 中，Output Parameters 是指在功效分析计算后生成的结果参数（如图 6-6 所示），用以帮助研究者准确理解和解释计算结果。以下是常见的输出参数及其含义。

非中心参数 δ（Non-centrality parameter δ）\deltaδ：是在非中心 T 分布或非中心 F 分布中用来描述效应量的参数。它结合效应量和样本量反映了总体效应的强度。具体来说：

在 T 检验中，非中心参数 δ\deltaδ 的计算公式为：δ=d×n\delta = d \times \sqrt{n}δ=d×n，其中 ddd 是效应量，nnn 是样本量；在 F 检验中，非中心参数 δ\deltaδ 则是通过效应量和各组的样本量来计算。

解读结果：较大的 δ\deltaδ：意味着效应量和 / 或样本量较大，检验的统计功效较高，更容易发现显著效应；较小的 δ\deltaδ 则意味着效应量和 / 或样本量较小，检验的统计功效较低，不易发现显著效应；在功效分析中，非中心参数 δ\deltaδ 有助于理解研究设计是否有足够的统计能力来检测预期的效应。

临界 T 值（Critical T）：是统计检验的临界值，表示在给定显著性水平（α）下 T 分布的临界点，它用于确定是否拒绝零假设。

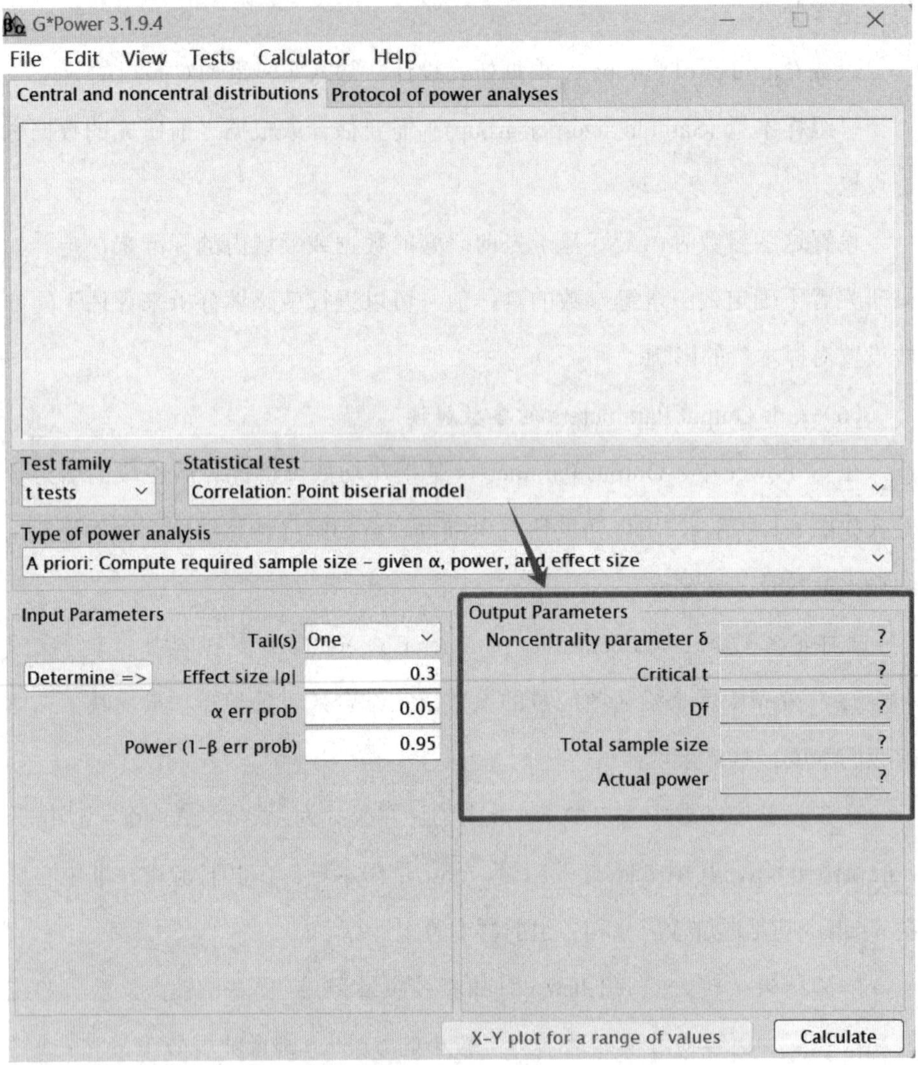

图 6-6　关于 Output Parameters 的参数解读

解读结果：临界 T 值指给定自由度和显著性水平后从 T 分布表中查得的值。

如果计算得出的 T 统计量大于临界 T 值（绝对值），则拒绝零假设，认为结果具有统计显著性；如果 T 统计量小于或等于临界 T 值，则不拒绝零假设。

示例：双尾检验，$\alpha = 0.05$，自由度 = 30，临界 T 值约为 ±2.042。如果计算得出的 T 统计量在 2.042 之外，则结果显著。理解临界 T 值有助于解释统计检验的结果，评估效应的显著性。

自由度（Degrees of freedom，df）：用于确定统计检验的分布形状，是统计学中用于描述数据独立性和样本量信息的参数，是可自由变化的数值个数，通常与样本量和估计参数的数量有关。

解读结果：不同统计检验的自由度计算方式不同。常见的计算方法有以下几种：单样本 T 检验：自由度 = 样本量 - 1；独立样本 T 检验：自由度 = 样本量 1 + 样本量 2 - 2；配对样本 T 检验：自由度 = 配对数 - 1。

自由度用于确定统计检验的临界值和分布形状。较高的自由度通常意味着更接近正态分布，较低的自由度意味着分布的尾部更厚。理解自由度有助于准确进行统计推断和解释结果。

统计功效（Power，或 1-β error probability）：即正确拒绝零假设（即发现实际效应）的概率，表示检验的灵敏度或效能。高功效意味着在样本中有足够的证据证明效应存在，通常设定为 0.80 或 0.90，表示有 80% 或 90% 的概率检测到实际存在的效应。

解读结果：高功效表示检验有较高概率发现实际效应，减少第二类错误的风险。低功效表示检验可能无法检测到实际效应，增加第二类错误的风险。

上述参数可以帮助研究者判断研究设计的统计有效性和必要的样本量。

3. 研究样本和测量工具

本研究于我国西南 G 省某高等职业院校进行数据收集整理和分析，方式是通过横断面调查，验证基于教育的结果框架、户外冒险教育、自我效能和学习动机。在线发放研究问卷320份，收集有效问卷307份。其中，155人参与OAE项目，152人没有参与OAE项目，男性150人，女性157人，受访者的基本信息如表6-1所示。使用Amabir、Hill、Tighe① 等人开发的学习动机量表进行学习动机度量——该量表由11个项目组成，包括内生动机和外源动机两个分量表；自我效能感量表采用由施瓦泽及其合作者开发的一般自我效能感量表（GSES）②。5个层级被分为9个项目，得分越高，效果越好。

表6-1 受访者基本信息

人口统计变量	分类	频繁性	百分比（%）
性别	男	150	48.860
	女	157	51.140
年龄	＜18岁	42	13.681
	18~20	147	47.883
	21~23	75	24.430
	＞24岁	43	14.007
学校类型	职业技术学院	164	53.420
	高等教育专业	82	26.710
	职业技术大学	61	19.870
是否参加户外冒险教育项目	不	152	49.511
	是	155	50.489

① Amabile T M, Hill K G, Hennessey B A, et al. The Work Preference Inventory: Assessing Intrinsic and Extrinsic Motivational Orientations, *Journal of Personality and Social Psychology*,1994,66(5): 950.

② Schwarzer R. Optimism, Vulnerability, and self-beliefs as health-related cognitions: A systematic overview, *Psychology and Health*, 1994, 9(3): 161-180.

结合本实验的需求，使用 G*Power（3.1.9.4）进行计算。为了方便读者理解，对结果（如图 6-7 所示）描述如下。研究设计为独立样本 T 检验，目标是比较参与和未参与 OAE 项目学生的学习动机和自我效能感。设定的参数如下：效应量 0.8，显著性水平 0.05，统计功效 0.90，样本分配比 1。

计算结果显示（见图 6-7）：非中心参数 δ3.2984，临界 T 值 1.9966，自由度 (df)66，每组所需样本量 34，总样本量 68，实际统计功效 0.9015。

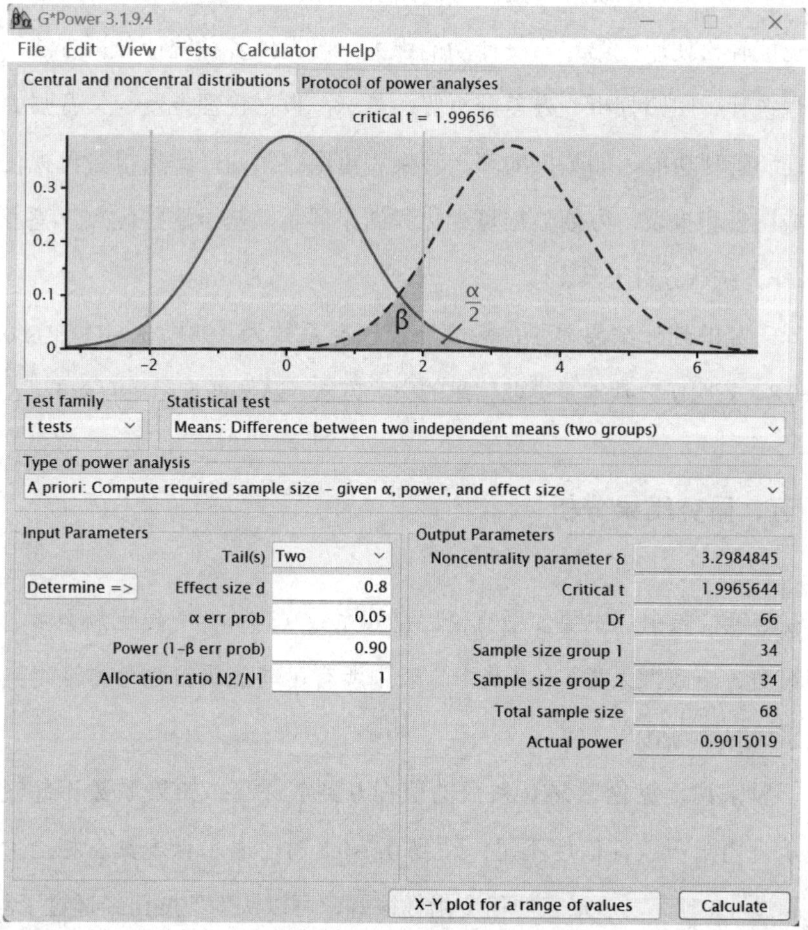

图 6-7　研究样本量的计算结果

根据 G*Power 计算结果，本研究需要每组至少 34 名参与者，总共 68 名参与者，以便在设定的效应量和显著性水平下达到 90% 的统计功效。实际数据收集的样本量（307 份）远超所需样本量，保证了研究结果的可靠性和有效性。

在本研究中，采用国内比较常见的 SPSS 分析软件进行分析。SPSS（Statistical Package for the Social Sciences）是一款广泛使用的统计分析软件，特别适用于社会科学、市场研究、健康研究等领域的数据分析。SPSS 主要有以下优势：第一，对用户友好，图形界面直观，操作简单，即使没有编程经验的用户也能轻松使用；第二，统计功能强大，可提供多种统计分析方法，包括描述性统计、回归分析、方差分析等；第三，数据管理方便，具备强大的数据处理和管理功能，如数据清理、转换和重组；第四，结果报告可视化，能够生成图表和报表，方便数据可视化和结果展示。基于这些优点，笔者首选 SPSS 作为统计分析工具。

本研究的统计结果显示，量表克伦巴赫系数为 0.981，KMO 值为 0.988，大于 0.8，表明研究数据是提取信息的完美方法（从侧面看，更有效）。

五、研究结果分析

在信度检验中，主要使用克伦巴赫 α 系数（也称为克伦巴赫系数、内在信度系数、一致性系数），以及由量表中所有可能的项目划分方法得到的半信度系数的平均值。

一般来说，克伦巴赫 α 系数的值在 0 到 1 之间：如果系数不超过 0.6，一般认为内部一致性信度不足；达到 0.7~0.8 时，表示量表具有相当大的信度；超过 0.8 时，表示量表的信度指标很好，可以认为信度已经通过了测试。

通过 SPSS 23.0 对样本数据的信度分析可知，3 个量表的信度值都大于

0.9（见表 6-2），表明数据可靠性高，质量好，调查结果真实和实用，问卷量表通过了信度测试。

表 6-2 可靠性试验结果

项目	项目数	克伦巴赫系数
自我效能感	10	0.973
内在动机	4	0.936
外部动机	8	0.965

1. 有效性测试

首先对问卷中包含的项目进行 KMO 和巴特利特球面检验测量。KMO 值和巴特利特统计值的显著性概率如表 6-3 所示。

表 6-3 有效性试验结果

KMO Value		0.977
Bartlett Sphericity Test	Approximate Chi-square	7 801.223
	df	231
	P value	0.000

根据效度检验结果可知，巴特利特球面检验的统计值为 7 801.223，显著性概率为 0.000，小于 0.050，说明变量相关，样本数据适合因子分析（分析结果见表 6-4）。采用 KMO 检验来研究变量之间的偏相关性，其值为 0~1。KMO 统计量越接近 1，变量间的偏相关性越强，因子分析的效果越好。本研究的 KMO 值为 0.977，说明适用于因子分析。

表 6-4　样本数据因子分析结果

项目	因子荷载系数		
	因子 1	因子 2	因子 3
在学习过程中，如果我尽力了，我总是能解决这个问题	0.805	0.290	0.266
在学习过程中，即使小组中的其他成员想要放弃，我仍然有办法得到我想要的结果	0.782	0.331	0.276
对我来说，坚持完成学习任务和实现任务目标是非常必要的	0.780	0.261	0.269
我相信，我能够有效应对任何意想不到的挑战	0.802	0.295	0.261
凭借我的智慧，我相信我可以应付意想不到的情况	0.807	0.300	0.267
如果我花时间为参与这个项目作必要的准备，我将能够解决大部分问题	0.818	0.310	0.226
我可以平静地面对困难，因为我可以相信自己处理问题的能力	0.823	0.338	0.185
当遇到一个难题时，我通常能找到几种解决办法	0.795	0.319	0.219
当我在实践中遇到困难时，我通常能想出一些解决办法	0.815	0.325	0.293
无论我发生什么，我都能应付	0.796	0.314	0.285
我喜欢参与“结果导向”学习的挑战，这样我就可以学习新事物	0.361	0.329	0.773
“基于结果的导向”可以引起我的好奇心，即使它有时是困难的	0.361	0.380	0.746
我最满意的是，我尽可能地彻底理解了“结果导向”课程的内容	0.360	0.363	0.778
我喜欢参与“基于结果”的学习挑战，即使不能帮我完成课程	0.366	0.337	0.759
因为“结果导向”课程在一定程度上具有挑战性，我得到好的结果是一件快乐的事情	0.328	0.800	0.263
以“结果为导向”的课程培养了我的自信，这有助于提高我的平均分，所以我希望能得到一个好的分数	0.330	0.792	0.276
我想得到比我班上大多数同学更好的成绩	0.331	0.790	0.221
我想在课堂上做得好，因为向我的家人、朋友或其他人展示我的能力很重要	0.268	0.789	0.213
如果我以适当的方式预览，我将能够成功地通过“结果导向”课程的测试	0.289	0.801	0.235
如果我不学习“基于结果”的课程材料，这是我自己的错	0.322	0.808	0.241

续表

项目	因子荷载系数		
	因子 1	因子 2	因子 3
如果我工作足够努力，那么我就能理解“结果导向”课程中呈现的学习内容	0.335	0.792	0.296
如果我不理解“面向结果”课程的挑战内容，那是因为我的工作还不够努力	0.335	0.815	0.262
特征根值	14.587	2.119	1.123
差异解释率（%）	66.304	9.634	5.106
累积方差解释率（%）	66.304	75.938	81.044

在使用 SPSS 数据分析对关注的问题进行研究时，为了不遗漏和准确，往往会面面俱到，采用大量的指标来进行分析。如果同时将这些指标直接纳入多元统计分析，不仅会使模型变得复杂而不稳定，而且还有可能因为变量之间的多重共线性引起较大的误差，因此，采用了主成分分析法。根据提取特征值大于 1 的方法，提取 3 个共同因子，累积解释方差率为 81.044%，符合解释量 60% 以上的标准。

为了进一步明确各共同因子的结构，采用最大方差法进行指标的正交旋转。根据旋转分量矩阵，第 1 个共同因素是自我效能因子，第 2 个共同因素是外部动机因子，第 3 个共同因素是内部动机因子。在提取的 3 个因子中，包含 22 个测量项目的因子负荷超过了相关研究推荐的 0.5 以上的临界水平，表明问卷的变量具有较高的结构效度。

相关分析是一种研究变量之间密切相关性的统计方法，主要表现于发展和变化的方向与规模上两种变量之间是否存在相关性，但不表现这两种现象之间是否存在因果关系。

根据统计结果可知，自我效能感与“是否参加户外冒险教育项目”有显著相关性，相关系数值为0.585，相关系数值大于0，说明自我效能感与“是否参加户外冒险教育项目”呈正相关。

内部动机和“是否参加户外冒险教育项目”也是显著相关的，相关系数值为0.419，相关系数值大于0，说明内部动机和“是否参加户外冒险教育项目”存在正相关。

外部动机与“是否参加户外冒险教育项目”关系同样很显著，相关系数值为0.387，相关系数值大于0，说明外部动机与“是否参加户外冒险教育项目”存在正相关。

2. 回归分析

自变量为“是否参加户外冒险教育项目”(不涉及0，涉及1)，控制变量为性别、年龄、学校类型，3个因变量为自我效能感、内部动机、外部动机，构建3个多元回归线性方程模型，结果如表6-5所示。

表6-5 3个多元回归线性方程模型计算结果

变化的	型号 1	型号 2	型号 3	VIF
	自我效能感	内部动机	外部动机	
持续不断的	1.718** (5.835)	2.143** (6.455)	1.646** (5.100)	—
性别	0.175 (1.369)	0.167 (1.158)	0.379** (2.700)	1.006
年龄	0.075 (0.999)	0.023 (0.270)	0.066 (0.807)	1.094
学校类型	-0.037 (-0.432)	-0.067 (-0.703)	0.000 (0.001)	1.102
是否参加户外冒险教育项目	1.612** (12.537)	1.159** (7.992)	1.057** (7.497)	1.015
试样量	307	307	307	—
R^2	0.349	0.181	0.171	—
调整 R^2	0.340	0.170	0.160	—
值	F (4302)=40.401 P=0.000	F (4302)=16.637 P=0.000	F (4302)=15.611 P=0.000	—

注：* P<0.05，** P<0.01。下表同。

3 个模型的决策系数 R^2 为 0.171~0.349，调整后的 R^2 为 0.160~0.340。3 种回归方程模型 F 统计量分别为 40.401、16.637 和 15.611，显著性为 0.000，小于 0.05。因此，回归方程模型具有显著性，即具有统计学意义和解释意义。每个变量的 VIF 值都小于 5，不存在多重共线性问题。

在模型 1 中，“是否参加户外冒险教育项目”的回归系数值为 1.612（T=12.537，P=0.000<0.010），即项目对自我效能感有显著的积极影响。也就是说，“参加户外冒险教育项目”的人会显著提高其自我效能感。

在模型 2 中，“是否参加户外冒险教育项目”的回归系数值为 1.159（T=7.992，P=0.000<0.010），即项目对内部动机有显著的积极影响。也就是说，“参加户外冒险教育项目”的人会显著增加其内在动力。

在模型 3 中，“是否参加户外冒险教育项目”的回归系数值为 1.057（T=7.497，P=0.000<0.010），即项目对外部动机有显著的积极影响。也就是说，“参与户外冒险教育项目”的人会显著增加其外部动力。

根据 3 种模型的系数可知，自我效能感最高，其次是内部动机，外部动机最低。

模型 1 的公式为：self-efficacy=1.718+0.175 gender+0.075 age -0.037 学校 type+1.612 是否参加户外冒险教育项目

模型 2 的公式为：内在 motivation=2.143+0.167 gender+0.023 age -0.067 学校 type+1.159 是否参加户外冒险教育项目

模型 3 的公式为：外部 motivation=1.646+0.379 gender+0.066 age+0.000 学校 type+1.057 是否参加户外冒险教育项目

户外冒险教育项目各项目自我效能感的差异分析结果如表 6-6 所示。

表 6-6 户外冒险教育项目各项目自我效能感差异分析结果

项目	是否参加户外冒险教育项目（平均值 ± 标准差）		T	P
	编号（n=152）	是（n=155）		
在学习过程中，如果我尽力了，我总是能解决这个问题	2.158±1.367	3.832±1.237	-11.257	0.000**
在学习过程中，即使小组中的其他成员想要放弃，我仍然有办法得到我想要的结果	2.059±1.251	3.645±1.385	-10.531	0.000**
对我来说，坚持完成学习任务和实现任务目标是非常必要的	2.164±1.258	3.594±1.337	-9.641	0.000**
我相信，我能够有效应对任何意想不到的挑战	2.132±1.222	3.690±1.389	-10.446	0.000**
凭借我的智慧，我相信我可以应付意想不到的情况	2.178±1.308	3.703±1.378	-9.947	0.000**
如果我花时间为参加这个项目作必要的准备，我将能够解决大部分问题	1.993±1.231	3.748±1.332	-11.991	0.000**
我可以平静地面对困难，因为我可以相信自己处理问题的能力	2.013±1.276	3.755±1.340	-11.661	0.000**
当遇到一个难题时，我通常能找到几种解决办法	2.132±1.316	3.581±1.381	-9.410	0.000**
当我在实践中遇到困难时，我通常能想出一些解决办法	2.112±1.242	3.748±1.337	-11.106	0.000**
无论我发生什么，我都能应付	2.086±1.260	3.813±1.273	-11.945	0.000**

从表 6 可以看出，独立样本 t 检验结果说明参加户外冒险教育项目的各项目自我效能感存在显著差异。根据统计结果，每个项目的显著性为 0.000，小于 0.050，说明参与户外冒险教育项目的每个项目自我效能有显著差异，而且每个项目的平均值高于非参与人群的平均值，详见表 6-7。

表 6-7　户外冒险教育项目各项目内在动机的差异分析结果

项目	是否参加户外冒险教育项目（平均值 ± 标准差）		T	P
	编号（n=152）	是（n=155）		
我喜欢参与“结果导向”学习的挑战，这样我就可以学习新事物	2.401±1.387	3.542±1.474	-6.980	0.000**
“基于结果的导向”可以引起我的好奇心，即使有时是困难的	2.355±1.349	3.484±1.509	-6.911	0.000**
我最满意的是，我尽可能地彻底理解了“结果导向”课程的内容	2.283±1.329	3.413±1.381	-7.303	0.000**
我喜欢参与“基于结果”的学习挑战，即使不能帮我完成课程	2.316±1.359	3.548±1.378	-7.890	0.000**

从表 7 中可以看出，独立样本 t 检验表明教育项目内部动机各项目存在显著差异。各项目的显著性为 0.000，小于 0.050，而且各项目的平均值都高于非参与人群，详见表 6-8。

表 6-8　是否参加户外冒险教育项目各项目外部动机的差异分析结果

项目	是否参加户外冒险教育项目（平均值 ± 标准差）		T	P
	编号（n=152）	是（n=155）		
“结果导向”课程在一定程度上具有挑战性，我得到好的结果是一件快乐的事情	2.414±1.354	3.484±1.452	-6.67	0.000**
以“结果为导向”的课程培养了我的自信，有助于提高我的平均分，希望能得到一个好的分数	2.322±1.393	3.400±1.399	-6.762	0.000**
我想得到比班上大多数同学更好的成绩	2.368±1.413	3.439±1.368	-6.744	0.000**
我想在课堂上做得好，因为向我的家人、朋友或其他人展示自己的能力很重要	2.395±1.420	3.348±1.435	-5.852	0.000**

续表

项目	是否参加户外冒险教育项目（平均值 ± 标准差）		T	P
	编号（n=152）	是（n=155）		
如果我以适当的方式预览，我将能够成功地通过“结果导向”课程的测试	2.388±1.428	3.381±1.383	-6.185	0.000**
如果我不学习“基于结果”的课程材料，这是我自己的错	2.493±1.437	3.426±1.358	-5.844	0.000**
如果我学习足够努力，那么我就能理解“结果导向”课程中呈现的学习内容	2.368±1.394	3.471±1.420	-6.864	0.000**
如果我不理解“面向结果”课程的挑战内容，那是因为我的学习还不够努力	2.368±1.370	3.439±1.437	-6.676	0.000**

从表 6-8 可以看出，独立样本 T 检验表明参加户外冒险教育项目的各种外部动机项目存在显著性差异，各项目的显著性为 0.000，小于 0.050，而且每个项目的平均值都高于非参与人群。

3. 主要的研究发现

（1）解决问题的能力

如果一个人在学习过程中尽力，就有可能解决问题。参加 OAE 项目的学生表现出了明显而更高的问题解决能力，其平均分（3.83 分）显著高于未参加该项目的学生（2.22 分）。

（2）学习持久性

有一种方法可以在学习过程中达到自己想要的结果，即使小组其他人想要放弃。参加 OAE 项目的学生表现出了明显而更高的学习持久性，其平均分（3.65 分）显著高于未参加项目的学生（2.05 分）。

（3）信心和应对技巧

参加 OAE 项目的学生具有有效应对任何意外挑战的信心，在应对意外情况的能力方面表现出明显而更高的分数。

（4）学习兴趣

参与 OAE 项目的学生对“基于结果”的学习挑战表现出更高的兴趣，对学习新事物更感兴趣，也更愿意承担具有挑战性的任务。

（5）学术成就

参加 OAE 项目的学生对获得好的成绩更感兴趣，并希望在课堂上做得更好。

对比显示，参加 OAE 项目的学生在学习动机和解决问题的技能方面表现出了显著的优势。这些优势强化了 OAE 项目教育对学生的积极影响，并可能有助于发展其自信、毅力和解决问题的技能。这些技能和态度不仅对学术领域有益，而且对未来的职业生涯和各种生活挑战也很重要。

六、研究总结

1. 研究结果分析

采用 SPSS 分析软件对我国中西部地区的职业学生进行了在线问卷调查，以辨别户外冒险教育项目的参加者和非参加者在学习效果上的差异。样本量使用 G-Power 进行分析，对参加 OAE 的学生（n=105）和未参加 OAE 的学生（n=105）学习效果进行全面评估。

共收集有效问卷 307 份，其中 155 人参与 OAE 项目，152 人没有参与，参加研究的男生 150 人，女生 157 人。值得注意的是，在实验后期阶段，学生参加实践学习项目的意愿大幅增加，包括他们对持续阅读的承诺。这个发现表明，户外冒险教育对学生进行实际学习和持续阅读的动机有积极影响，支持了公平和可持续教育的目标。

实验整合在 OBE 框架内的 OAE 项目，不仅解决了资源分配的差异，而且培养了学生对扩展学习探索的新热情，提高了学生的自我效能感，培养了学生更浓厚的学习兴趣，标志着按照教科文组织所倡导的可持续发展和公平资源分配的原则，向整体教育改进迈出了重要的一步。

研究结果显示，参加 OAE 项目教育的学生在自我效能感、内在动机和外在动机方面都有明显的改善。这是一个重要的发现，表明 OAE 项目教育作为一种非传统的教育方法，对学生的学习态度和学习动机有积极的影响。特别是提高自我效能感，可以帮助学生更有信心地面对学术挑战和解决问题，而这对他们的学术成功至关重要。

回归分析表明，参加 OAE 项目教育可以显著提高学生的自我效能感、内部动机和外部动机。这个发现为教育政策制定者和教育工作者，支持将 OAE 项目教育纳入课程提供了强有力的证据。

差异分析显示，参加 OAE 项目教育的学生在自我效能感、内部动机和外部动机等方面存在显著差异，说明 OAE 项目教育不仅提高了整体的学习态度和动机，而且在细节层面上也有积极的影响。这可能是由于这些项目可以激励学生面对各种挑战，发展他们的适应力和解决问题的能力，从而提高他们在学术任务中的表现。

但这些研究具有局限性，第一，研究样本是从特定的群体中抽取的，结果的普遍性可能会有限。未来的研究可以扩大样本量和多样性，更好地了解不同人群的反应。第二，本研究集中在相关性和差异性分析上，并不能证明因果关系。未来的研究可以采用更严格的实验设计，深入探索 OAE 项目教育对学习态度和动机的因果效应机制。

综上所述，本研究为OAE项目教育作为提高学生学习态度和动机的有效方式提供了有力的证据。这一发现对教育政策制定者和教育工作者具有重要意义，可以激发学生对整体教育经验的兴趣，帮助学生更好地应对学术挑战。我们鼓励在未来的教育实践中更广泛地推广和采用OAE项目教育，促进学生综合素养的全面发展。

2. 研究结论

（1）OAE项目教育对学生的学习态度和动机有显著的积极影响

参加OAE项目教育的学生表现出更高的自我效能感、内部动机和外部动机，可以激励学生更积极地参与学术活动，更有信心地解决问题，并更深入地投入到学习过程中。

（2）自我效能感在学习中的关键作用

自我效能感在学生的学习过程中起着关键作用，可以提高学生对自己能力的信心，使他们更愿意面对学术挑战。

（3）增强内部动机

OAE项目教育也可以增强学生的内部动机，使他们能够更加自主地参与学术活动；而且可以培养学生对知识的兴趣和热情，而不仅仅是为了外部奖励而学习。

（4）外部动机的影响

参加OAE项目教育后，学生的外部动机也有所增强，但其影响相对较低，表明学生可能仍然受到外部奖励和认可的驱动，对长期学习和成长的持久影响较小。

（5）教育政策的影响

教育工作者和政策制定者可以考虑将OAE项目教育纳入课程体系，激发学生的学术兴趣，提高学生的学习动机和自我效能感，推动他们更好地应对未来的挑战。

（6）个体差异的重要性

学生对 OAE 项目教育的反应可能会有所不同，在设计和实施项目时，需要考虑学生的多样性，以满足有不同需求和兴趣的学生。

3. 未来研究建议

未来的研究可以扩大样本量和多样性，以更全面地了解研学模式教育对不同学生群体的影响，并采用多种方法研究，将自我报告的数据与客观的性能数据相结合，以减轻主观性，提高数据的可信度。此外，还可以进行长期的随访研究，探索更多可能影响学生动机的外部因素，以更好地了解其他影响因素。

综上所述，本研究揭示了研学模式教育对学生学习动机的积极影响，但需要更广泛、更深入的研究来充分了解影响程度及其潜在机制，以进一步改善教育政策和方法。

第七章　研学旅行指导师培养策略

为了培养能够适应现代科技进步所需要的综合素养高的各类人才，国家启动了中小学研学旅行教育，并把研学旅行教育纳入中小学课程体系。研学旅行能够让学生从繁重的学习中暂时解脱出来，放松心情，开阔视野，通过实地体验和实践体验学习，直接验证课本上的知识，更直观、更深入地理解和掌握书本知识起到的积极作用。在研学教育中，学生需要亲自动脑、动手参与各种活动，并独立完成各种学习任务，培养其独立思考的能力；同时，学生还需要与同伴合作共同完成任务，这有助于学生开阔视野，创新地完成学习任务，学会合作，学会与人相处，学会自我管理等。

参加研学旅行可以亲近自然，走进社会，走进博物馆，弥补学生在学校学习所欠缺的综合能力，让学生有机会独立自主地面对问题和挑战，锻炼其独立思考和解决问题的能力。通过研学旅行为学生专门设计的活动，可以让学生有信心去做以前没有做过的事情；同时能够认识新团队成员，并从中得到收获。研学旅行还能够帮助学生树立明确的目标，并激励他们为了实现这些目标而努力，可以锻炼学生的意志力，让学生提高团队协作意识，学习到团队配合的技巧，感受到团队的荣誉。

研学旅行是以中小学生为主体对象，以集体旅行生活为载体，以提升学生素质为教学目的，依托旅游与社会资源的融合，进行体验式教育和研究性学习的一种有教育目标的旅行及学习活动。

研学旅行既不是单纯的旅行，也不是单纯的学习，而是两者有机的结合，即“研学 + 旅行”。这是一种特定模式的教育方式，研学指导师既要具备导游能力，又要掌握多种研学模式教学方法的研学课程开发能力，还要能够根据研学内容灵活运用不同的研学教学方法，让参加研学活动的学生收获最好的教学体验。①

研学旅行是中小学课程体系中的一部分，全国适合开展研学旅行的学生每年高达 1 亿人以上，紧急需要大批研学旅行导师和研学旅行管理人员。为了规范开展中小学研学旅行教育活动，教育部于 2019 年增设了研学旅行管理与服务专业，次年开始招生。该专业的设置目的，就是为了推动研学旅行教育高质量地发展，提高研学旅行的管理和服务水平，以满足中小学生研学旅行活动对研学旅行指导师综合素质的需求。

2022 年 6 月，国家人力资源和社会保障部（下称人社部）宣布研学旅行指导师为新职业，文化和旅游部人才中心组织有关专家制定了《研学旅行指导师职业能力等级评价标准》，人社部《中华人民共和国职业分类大典》编入了《研学旅行指导师职业能力等级评价标准》并正式颁布使用，界定研学旅行指导师是指策划、制订、实施研学旅行方案，组织、指导开展研学体验活动的人员。至此，研学旅行指导师的培养更加规范并贴近社会需求。

一、研学旅行指导师职业标准

研学旅行指导师既要承担中小学教育体系中研学旅行的教育部分，又要承担研学旅行课程开发和课程教学实施，以及学生教育管理方面的工作，说明这个职业具有师范性；而从熟悉旅游相关管理、实施旅游计划，说明该职

① 刘晓杰、杜娟：《研学旅行发展背景下研学指导师人才培养体系构建》，《广州城市职业学院学报》2022 年第 1 期。

业还需要具有旅游相关的职业性，具备“教师＋导游”的融合能力。

开发研学旅行指导师培养标准的依据如下：一是《中华人民共和国职业分类大典》中研学旅行指导师职业能力等级评价标准（2022年），二是《中华人民共和国教师法》（2009年），三是《研学旅行指导师（中小学）专业标准》（T/CATS001-2019），四是《旅游行业标准 LB/T 054-2016 研学旅行服务规范》。

1. 基本理念

（1）师德为先

热爱研学旅行教育事业，具有职业理想，认识并理解研学旅行指导师职业道德的基本要素，具有职业理想、职业责任、职业态度、职业纪律和职业荣誉等，爱国守法，恪尽职守；为人师表，立德树人；关爱学生，保障安全；探索实践，开拓创新；知行合一。

（2）学生为本

根据研学旅行教育的特殊性，时刻牢记以学生安全为第一要素，关爱学生的身心健康，关注和发现每个学生的亮点，激发学生的学习积极性；鼓励学生个性化发展，鼓励学生创新思维，公平对待每个学生，营造快乐学习的氛围。

（3）能力为重

研学旅行指导师是人社部2022年6月才正式公布的新职业，具有教师与导游融合的职业特点，根据人社部《研学旅行指导师职业能力等级评价标准》对该职业能力提出的要求，研学旅行指导师的培养要注重理论教学与职业实践相结合，引导学生通过理论的应用和主动实践不断积累职业能力。

（4）终身学习

研学旅行指导师的职业特点决定了会接触历史、党史、传统文化、民族文化、科技、自然等多方面的研学内容，这就需要指导师树立终身学习理念，不断学习各领域知识，完善自己的知识结构。

2. 研学旅行指导师职业标准分析

要培养合格的研学旅行指导师，首先要对该职业的能力标准进行分析。《研学旅行指导师职业能力等级评价标准》对研学旅行指导师职业能力要求和应当具备的相关知识作出了规定，中国旅行社协会与高校毕业生就业协会联合发布的《研学旅行指导师（中小学）专业标准》提出了研学旅行指导师职业应当具备的标准。在此，根据这两个标准的规定，对研学旅行指导师职业标准进行分析。

（1）专业态度

认识中小学生研学旅行的意义，热爱研学旅行指导师岗位，具有职业理想和敬业精神，认同研学旅行指导师的专业性和独特性，注重自身专业发展，具有终身学习的意识；重视学生身心健康，将保护学生生命安全放在首位，促进学生的全面发展；注重人格魅力、学识魅力教育和对学生的感染力，做学生健康成长的指导者和引路人；维护学生合法权益，尊重学生个体差异，平等对待每个学生，不讽刺、不嘲笑、不歧视学生；遵守教师和导游的职业行为规范，品行端正，为人师表，身心健康，无传染性疾病，仪容、仪表、仪态及举止得体；精心制订和实施研学旅行课程方案，完成研学目标，确保安全，让学生拥有快乐而有意义的研学旅行生活；在研学旅行活动中，不得出现违背党的路线、方针、政策的言行，不得发表错误观点和编造散布虚假信息与不良信息，不得出现损害国家利益、社会公共利益和违背社会公序良俗的行为。

（2）专业知识

掌握研学旅行政策法规知识；掌握相关研学旅行目的地及基地、营地的情况；掌握研学旅行组织和服务知识、文明旅游知识和旅行常识；掌握研学旅行安全风险管理知识，熟悉基本的安全防护救护知识与灾害应急常识；掌握研学旅行课程方案设计、课程及体验活动实施等知识；了解中小学教育教学理论，熟悉学生的认知规律和教育心理学基本原则与方法；掌握几种常用的研学模式教学方法，能针对不同的研学内容灵活应用；了解中小学课程结构、课程类型、课程标准，熟悉中小学综合实践活动课程内容；熟悉课程资源开发、管理与利用的方法，掌握研学旅行课程教学知识；了解保护青少年健康成长方面的有关法律法规知识，熟悉中小学教育的基本情况；了解我国各类非物质文化遗产和各民族风俗，掌握相应的乡情、县情、省情和国情；了解相应的自然、人文、社会科学知识，掌握与研学旅行课程方案直接相关的学科内容；熟悉现代化的信息技术。

（3）专业能力

具有较强的语言文字表达能力和具有研学旅行线路设计能力。能设计或修订研学旅行课程方案，保证方案的教育目标正确，教育主题鲜明，教学内容丰富。要从学情和乡土乡情、县情、市情、省情、国情出发，结合学生核心素养的发展要求，从学校需求和研学资源两方面考虑，合理设计出适合不同年龄段学生的研学旅行课程方案，能将知识、能力和情感（价值观）等目标设计在研学旅行课程方案中，并能融合在研学旅行的前、中和后各个阶段的教育中。设计研学旅行课程方案应遵循教育性、实践性、安全性、公益性四大原则，能合理利用各种资源，开发自然类、历史类、地理类、科技类、人文类、体验类等多种类型的活动课程，设计的研学旅行课程方案能体现出自主性、探究性、体验性、互动性、趣味性等特点。具备良好的组织管理能力、沟通协调能力、教育教学能力和安全保障能力，能将研学旅行的教育目标落实到具体的课程计划中，确保研学旅行安全有序地实施。充分做好行前准备工作，开好行前预备会议，向各方宣传解读研学旅行课程方案，同时检查各项课程准备工作，关键环节宜实地察看。做好行中组织监督管理工作，将预先设计的课程内容及活动逐一落实，在旅游车上组织好移动课堂，做好基地与营地研学活动方案的设计和实施，确保学生安全有序地完成研学任务。对学生的评价应采用过程性评价，并对每个重要环节进行评价，发现和赏识学生的进步，给予学生恰当的鼓励性评价和指导，通过过程性评价激励学生进行积极的自我评价。对学生的研学态度、研学能力和方法、研学结果等方面进行综合性评价，并采用激励性语言评价学生的研学过程，用描述性语言评价学生的研学成果。做好行后总结评价工作，灵活运用多种评价方法，客观公正反馈研学成绩，组织好研学旅行成果汇报，利用评价结果促进学生全面发展和健康成长，同时完善研学旅行课程方案及研学旅行组织工作。

（4）持续发展能力

能够搜集、分析、反馈相关信息，总结反思改进研学工作；能够学习跨学科知识，进行重组融合，提高研学课程再开发的能力；能够学习现代新技术，运用新技能，探索提高研学效果的新方法；能够不断学习教育和旅行领域的最新知识与技能，创新研学旅行教育模式；研学旅行过程中承担研学旅行指导师职责的人员，应参加中国旅行社协会（或授权的培训机构）组织的研学旅行指导师培训，经考核合格取得研学旅行指导师证书；人社部2022年颁布的《研学旅行指导师职业能力等级评价标准》为研学旅行指导师职业等级考试提供了考量依据，主要从研学教育、旅行保障、安全防范、总结研究四个方面进行考评，研学旅行指导师应定期完成一定学时的培训，并根据相关考核和评审条件晋升等级。

二、研学旅行指导师培养标准

根据前文对研学旅行指导师能力标准的分析，参照人社部《研学旅行指导师职业能力等级评价标准》三至二级（涵盖四级）职业能力要求，并参考《研学旅行指导师（中小学）专业标准》，开发了本《研学旅行指导师培养标准》（详见表 7-1），希望对研学旅行指导师培养方案的开发起到构建课程体系的支撑作用。

表 7-1　研学旅行指导师培养标准

职业能力	能力模块	认知与行为要求
职业理念与师德	职业理念与认知	认识开展研学旅行的意义，热爱研学旅行指导师事业，具有职业理想和敬业精神 认同研学旅行指导师的专业性和独特性，注重自身专业发展，具有终身学习的意识
	关爱学生与行为	重视学生身心健康，将保护学生生命安全放在首位，促进学生全面发展 注重人格魅力、学识魅力教育和感染学生，做学生健康成长的指导者和引路人 维护学生合法权益，尊重学生个体差异，平等对待每个学生，不讽刺、不嘲笑、不歧视学生
	教学态度与行为	遵守教师和导游的职业行为规范，品行端正，为人师表，身心健康，无传染性疾病，仪容、仪表、仪态及举止得体 精心制订和实施研学旅行课程方案，完成研学目标，确保安全，让学生拥有快乐而有意义的研学旅行 生活
	个人素养与行为	在研学旅行活动中，不得出现违背党的路线、方针、政策的言行，不得发表错误观点和编造散布虚假信息与不良信息，不得出现损害国家利益、社会公共利益或违背社会公序良俗的行为 不断提升自身的人文社会科学、自然科学、艺术鉴赏知识等，具有良好的文化修养

续表

<table>
<tr><th>职业能力</th><th>能力模块</th><th colspan="2">认知与行为要求</th></tr>
<tr><th>职业能力</th><th>能力模块</th><th>能力要求</th><th>学习模块</th></tr>
<tr><td rowspan="3">研学教育</td><td>课程准备</td><td>●能根据相关资源设计研学主题、研学目标，开发研学旅行课程方案、研学任务书、评价表和评价标准
●能根据研学课程方案开发研学手册
●能主动与主办方和供应方对研学方案进行沟通，对其他问题也能作好有效沟通
●能设计研学旅行行前课程并能演示和讲授
●能做好课程所需的物料准备、行程准备和自身仪容、仪表等准备工作</td><td>●专业核心课1　研学旅行课程设计
内容包含：相关知识、研学主题、研学目标、研学课程方案、研学任务分解书、学生研学评价表和评价标准、研学手册
●专业核心课2　研学旅行准备与行前课程设计
内容包含：相关知识、行前课程包含内容及开发方法、课程所需物料筹备、行前教育讲授（包含自身仪容、仪表等）</td></tr>
<tr><td>课程实施</td><td>●能策划和主持研学旅行出征仪式及结束仪式
●能设计和执行旅行途中和目的地的研学课程任务，并能用多种研学模式的教学方法施教能设计研学成果展示形式，能及时解答学生提出的相关问题，指导学生完成研学成果展示和交流</td><td>●专业核心课3　研学旅行概论
内容包含：研学旅行的目的、研学旅行活动流程、研学组织及教学方法、研学成果设计及成果展示方法
●产教融合课程1　研学旅行课程实施实践
专业课：学生心理学、研学课程教学方法</td></tr>
<tr><td>课程反馈</td><td>●能掌握三种及以上学习评价方法，并能对学生进行客观评价
●能对研学目标契合性、教学行为和课程资源利用的有效性进行评价
能撰写研学旅行课程评价报告与建议</td><td>●专业核心课1　研学旅行课程设计
●产教融合课程1　研学旅行课程实施实践</td></tr>
</table>

续表

职业能力	能力模块	认知与行为要求	
职业能力	能力模块	能力要求	学习模块
研学教育	沟通能力	●能就研学旅行课程、项目等问题与研学旅行服务主办方有效沟通 ●能对研学旅行项目的其他问题进行沟通	●研学旅行相关法律知识 ●研学旅行政策和标准知识 ●安全防范和应急管理知识 ●导游基础和导游业务知识 ●研学旅行行业礼仪与个人仪态、仪表
旅行保障	交通服务	●能对学生乘坐的交通工具、安全注意事项及文明出行进行说明，并能引导学生有序集合，按规定上下交通工具 ●能引导学生遵守交通规则，保护自己的人身和财物安全 ●能处理学生在交通工具上的常见问题 ●能按照应急预案处理学生在交通工具上的突发事件 ●能正确处理学生交通途中发生的突发事件 ●能撰写研学旅行交通案例分析报告	●专业核心课4　研学旅行吃、住、行安全常识及预案 内容包含：汽车、火车、飞机等交通工具及其乘坐相关知识，集体上下交通工具的组织方法、交通安全及预防相关知识，学生在交通工具上常见问题的处理方法，交通应急预案及常见交通突发事件处理知识和方法，出行途中学生发生事故的处理知识和方法，研学旅行交通案例分析报告等 研学旅行能力拓展：系列讲座 主题：研学旅行吃、住、行安全问题及案例分析 ●产教融合课程2　研学旅行吃、住、行、安全实践

续表

职业能力	能力模块	认知与行为要求	
职业能力	能力模块	能力要求	学习模块
旅行保障	住宿服务	●能合理分配房间，办理入住手续，做好查房工作，并能就文明入住及安全注意事项进行说明 ●能带领学生熟悉逃生通道，讲解消防和逃生器材的使用 ●能及时提醒学生遵守住宿纪律，保护自己的人身和财物安全 ●能处理学生住宿期间的常见问题 ●能按照应急预案处理学生住宿期间的突发事件	●专业核心课4　研学旅行吃、住、行安全常识及预案 内容包含：营地、饭店及住宿安全相关知识，办理集体入住的方法，消防和逃生器材的相关知识及使用方法，集体住宿管理知识，住宿应急预案及住宿突发事件处理知识 研学旅行能力拓展：系列讲座 主题：研学旅行吃、住、行安全问题及案例分析 ●产教融合课程2　研学旅行吃、住、行、安全实践 通识课：班级管理知识
	用餐服务	●能对用餐场所、用餐规定和用餐安全注意事项进行说明 ●能照顾好有特殊饮食的学生 ●能在用餐场所预防和保护学生的人身与财物安全 ●能按照应急预案处理学生用餐时的突发事故	●专业核心课4　研学旅行吃、住、行安全常识及 预案 内容包含：集体用餐的相关知识和方法，学生用餐期间常见问题的处理，用餐事故预防和保护知识与方法，用餐应急预案及用餐突发事故处理知识和 方法 研学旅行能力拓展：系列讲座 主题：研学旅行吃、住、行安全问题及案例分析 ●产教融合课程2　研学旅行吃、住、行、安全实践

续表

职业能力	能力模块	认知与行为要求	
职业能力	能力模块	能力要求	学习模块
旅行保障	生活照料	●能提前发现并照顾身体不适的学生 ●能及时照顾好生病的学生 ●能照顾好有特殊情况的学生 ●能及时发现、照顾和处理有特殊情况的学生 ●能对学生进行心理辅导	●专业课：医学及生活照料常识 内容包含：常见疾病处理常识，外伤处理常识，突发重症病人急救方法，生活照料相关知识 ●通识课：学生心理学 内容包含：心理辅导知识和方法，以及情感交流的方法
安全防控	安全事故预防	●能分析研学旅行安全事故发生的原因，并能有针对性地讲述安全预防内容 ●能编制研学旅行安全书面告知书，并予以解释说明 ●能熟知研学旅行安全应急预案，并按照课程设置和研学线路进行模拟安全应急演练	●专业课：研学旅行安全预防及事故处理方法（活页教案，案例型教学内容） 内容包含：研学旅行安全事故发生的类型及其原因，旅行安全相关政策及法律法规，旅行安全应急预案相关知识
安全防控	安全事故处置	●能按照应急预案流程处置旅行安全事故 ●能采取相应措施处理现场学生摔伤、割伤、撞伤、烫伤、互伤、走失等多发性事故 ●能在安全事故发生后固定和保存证据，协助伤者向保险公司索赔 ●能分析研学旅行安全事故发生的原因，并在后期课程设置中设计针对性的安全预防内容	●专业课：研学旅行安全预防及事故处理方法（活页教案，案例型教学内容） 内容包含：研学旅行安全事故发生的类型及其原因， 旅行安全事故应急处理流程，研学旅行相关安全事故处置和急救处理知识，保险相关法律知识
总结研究	研究报告撰写	●能撰写研学旅行经验总结、案例分析报告 ●能撰写研学旅行相关论文	●完成研学旅行实践报告 ●撰写研学旅行经验总结 ●撰写案例分析报告 ●撰写研学旅行毕业论文

三、研学旅行管理与服务专业工作岗位

研学旅行管理与服务专业毕业生到研学旅行社工作，可能会接触到研学旅行策划、研学旅行咨询、研学旅行指导服务等 9 个工作岗位（见图 7-2），各工作岗位需要承担的工作内容如下。

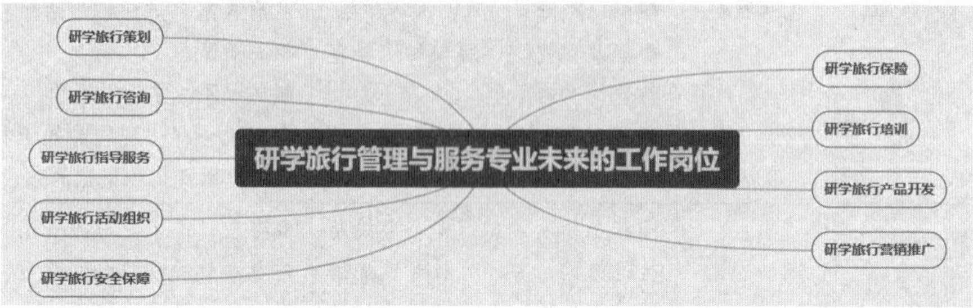

图 7-2　研学旅行管理与服务专业毕业生工作岗位

1. 研学旅行策划

（1）确定研学主题

在进行研学旅行策划时，首先需要确定研学主题。研学主题可以是学生感兴趣的领域，如科学、历史、艺术、文化等，也可以是学校或教育机构设定的学习目标。在确定主题时，既要考虑研学资源，又要考虑学生的学段、年龄、兴趣和能力水平，以确保研学活动的针对性和实效性。

（2）选择目的地

选择合适的研学活动基地是研学旅行策划的重要环节。根据研学主题和学生需求，可以选择国内或国外的目的地。在选择目的地时，需要考虑与研学主题的相关性、交通便利程度、安全性、经费预算、学生的兴趣和能力水平等。

（3）制订研学计划

制订研学计划是研学旅行策划的核心环节。研学计划应包括以下内容：一是研学路线；二是日程安排，包括交通、住宿、餐饮、研学活动等每个环节的日期及时间的安排；三是研学内容，要根据研学主题和学生需求，设计具体的研学活动和研学课程；四是人员配备计划，确定师生比例，明确带队老师、研学导师、餐饮服务人员等的工作职责。此外，计划书中还应包括应急预案，如学生生病、丢失物品时的解决方案等。

（4）设计研学活动

设计研学活动是研学旅行策划的关键环节。在设计研学活动时，需要考虑以下几点：一是与研学主题的相关性，二是学生的年龄、兴趣和能力水平，三是活动内容的创新性和教育性，四是安全性和可行性。

（5）准备研学物资

准备研学物资是研学旅行策划的重要环节。研学物资包括学生所需的教材、教具、文具等，以及带队老师和导游所需的地图、指南针等工具。在准备物资时，需要考虑物资的种类和数量、物资的质量和可靠性、物资的便携性和安全性。

（6）安排交通、住宿和餐饮

安排交通、住宿和餐饮是研学旅行策划的重要环节。需要根据学生的需求和目的地的情况，选择合适的交通方式和食宿服务，最重要的是交通工具的安全性和便利性，住宿的安全性，餐饮服务的卫生和质量，以及学生的特殊饮食需求。

2. 研学旅行咨询内容

（1）了解客户需求

研学旅行咨询人员首先需要主动了解客户的需求。客户的需求包括以下几个方面：一是客户希望通过研学旅行达到的目标和学习的主题，二是参加研学旅行的学生人数和年龄段或年级，三是客户的预算范围，四是客户希望的行程时间和天数以及餐饮、交通等方面的特殊需求。

（2）提供咨询服务

根据客户的需求，能准确提供相应的咨询服务：一是合适的研学旅行方案，包括目的地、行程安排、活动内容等；二是研学旅行指导师和带队老师的信息，包括专业背景、研学活动的教学能力、服务态度等；三是餐饮和住宿信息，包括食品质量、住宿条件等；四是将客户提出的意见及时记录，作为修改方案的依据，修改后的方案应及时再次与客户沟通。

（3）制订个性化方案

根据客户的需求和咨询提供的服务，可以制订个性化的研学旅行方案。方案应包括以下内容：明确客户研学旅行的主题和目的，制订合适的行程时间和天数，选择合适的目的地和行程安排，设计合适的活动内容和研学课程。

（4）吃、住、行预订安排

在客户确认研学旅行方案后，与客户商量吃、住、行预订和安排，包括：确定合适的交通工具，如飞机、火车、大巴等；与客户商议预订合适的住宿，如酒店、民宿，提供合适的餐饮等；根据客户的预算范围，提供符合预算的方案；与客户确认校方带队老师人数和学生人数，安排适量的研学旅行指导师和相关工作人员人数；最后确认如保险、签证等其他事项。

（5）提供后续服务

客户出行后，应提供一系列后续服务，包括：为客户提供紧急联系方式，以备不时之需；对客户的行程进行跟踪，以确保行程的顺利进行；研学旅行活动行程结束后，对客户进行回访，征求不断改进的意见。

3. 研学旅行指导服务

研学旅行指导师应根据预定的研学旅行方案和研学课程，实施研学旅行系列活动的指导和课程教学①。

（1）活动前准备工作

活动前，研学旅行指导师首先要在出发前两天给参加活动的学生讲解出行计划、出行准备，以及学生需要准备的研学课程相关知识，并了解学生身体状况，记录特殊体质的学生情况，安排重点关照。

（2）活动中工作要点

活动中，根据研学主题和活动内容，开展丰富活泼的教学活动。首先应建立学习小组，在行程的路途中，根据沿途地貌、人文、民俗、历史等资源给学生提供生动有趣的讲解内容，以帮助学生了解当地的历史、文化、自然环境等；其次可以采用有教育性和问答互动性的活动，让学生减缓旅途疲劳，感受“行走课堂”的魅力。

在研学基地和目的地，应根据预定的研学课程，运用有效的教学方法，开展体验式的教学，鼓励学生积极勇敢地参与活动，充分发挥学生的学习能动性，开发学生的创新思维。在活动中，研学旅行指导师要观察每个学生的参与度，对积极踊跃的学生给予表扬，对胆小和学习有困难的学生给予鼓励

---

① 赵鹏军：《浅谈研学旅行活动指导师的职业素养和能力提升》，《教学与研究》2020年第24期。

和帮助，并充分发挥学习小组的作用。最后的成果展示环节是学生所学到的知识、经验、团队精神的整体体现，有助于提高学生的综合素质和团队协作能力，为其成长和发展奠定良好的基础，应充分重视这个环节。在各种活动的评价中，应以鼓励为主，公平对待每个学生。

研学活动过程要始终把学生安全放在首位，尽可能安排学生集体学习，集体游戏。由于中小学生的心智还不完善，且活泼好动，容易冲动，最好不要给学生留自由活动时间，避免不必要的安全问题出现。

在旅行过程中，应及时收集学生对服务、活动、饮食等方面的意见和建议，以便进行改进和完善；同时将学生的意见和建议反馈给相关人员，共同做好学生管理工作，有效保障研学旅行服务质量和学生的安全与健康。

（3）活动后反馈与总结工作

研学旅行结束后，进行服务评估与总结是非常重要的环节。通过对整个服务过程的回顾和总结，可以了解本次研学旅行的优点和不足之处，以便在未来的服务中加以改进和完善。既要请学生给予评价和建议，也要请参加活动的校方老师给予评价和建议，还可以通过电子问卷形式请家长给予评价和建议；校方（客户）也应给予评价和建议，并及时分析与研究收集到的评价和意见，及时改进。

研学旅行指导师在没有带队工作时要认真学习相关知识，总结实践经验，根据研学基地和区域资源开发有效的研学课程，设计研学方案、研学手册、研学评价表等。

4. 研学旅行活动组织

研学旅行活动策划是整个活动的起点，需要全面考虑各种因素，包括活动目的、参加人群、时间、地点、交通、住宿、餐饮、保险等，还需要根据参加人群和活动主题来确定费用预算等。

（1）要有明确的活动目的和意义

根据参加人群的学龄确定活动目的和主题，并选择合适的活动时间和地点，其中要考虑天气、交通、安全等因素。

（2）根据客户需要及出游天数，组织相关人员制订研学旅行方案

研学是研学旅行活动的核心，首先要制订研学目标：可通过研学旅行活动需要掌握的知识和技能确定知识目标，通过研学旅行活动需要提高的能力和素质确定能力目标，通过研学旅行活动需要形成的情感态度和价值观念确定情感目标，根据研学主题设计基地和目的地的研学课程和活动内容，以及区域资源和行程途中的资源，作好相应的讲解和活动设计，尽可能让学生获得最大收获。

（3）作好旅行路线设计，突出研学主题和重点

出行路线尽量与历史、文化、自然风光等特色和亮点结合，给学生更好的研学旅行体验。

（4）制订详细的日程表

作好研学旅行活动的具体实施计划，详细列出每天的活动内容、时间、地点等安排。

（5）作好活动物资准备

一是准备相关的学习资料和教材，包括书籍、PPT、视频等；二是准备实验器材和设备，如显微镜、传感器等；三是安排合适的交通工具，如大巴车、火车等，确保安全和舒适；四是安排合适的住宿和餐饮，确保参与者的需求得到满足；五是准备必要的安全保障物品，如急救箱、消防器材等。

（6）人员配备

根据研学人数，确定领队、研学旅行指导师、导游、安全员、后勤保障

员等人数，确保活动安全、顺利实施。

5. 研学旅行安全保障

（1）行前安全准备

研学旅行前，需要充分做好安全准备工作，主要包括：一是对研学旅行目的地进行安全风险评估，了解当地的安全状况、法律法规和文化习俗等信息，以便制订相应的安全保障措施；二是根据研学旅行需要，准备必要的安全物资，如急救药品、消防器材、通讯设备等。

（2）行中安全保障

研学旅行中，应安排有经验且具备相关资质的安全人员，负责安全保障工作。根据目的地和行程安排，选择安全可靠的交通工具，如大巴车、火车、飞机等。出行前，应对交通工具进行全面检查，确保其机械状况良好，符合国家相关标准，并选择有资质且经验丰富的驾驶员，负责交通工具的驾驶和管理工作。行驶过程中，应遵守交通规则，保持车速在规定范围内。

研学旅行中，还应确保食宿安全。首先应选择安全可靠的住宿场所，如酒店、旅馆等。选择住宿场所时，应考虑安全设施、卫生条件和地理位置等因素。就餐时，应选择干净卫生的餐厅或食品供应商，尽量避免食用不洁或野生食物。食品采购和烹饪过程中，应注意食品的新鲜程度和烹饪温度等。住宿期间，应对学生宣讲注意保管好个人财物，如钱包、手机等贵重物品，建议将贵重物品放在安全的地方，如前台保险箱等。

研学旅行中，还应确保活动的安全性。在选择活动项目时，应选择适合学生且安全可靠的活动项目，避免参与高风险或危险性的活动。参与活动时，应提示学生遵守活动规则和安全要求，如佩戴安全装备、遵守操作规程等。在活动过程中，要引导学生注意人身安全，如不在危险区域逗留，不独自行动等。遇到紧急情况时，应保持冷静并听从导游或安全人员的指挥。

（3）行中安全事故预防与处理

研学旅行中，还应制订紧急救援方案，以便遇到紧急情况时迅速采取措施进行救援工作。应根据目的地和行程安排，制订适合的紧急救援方案，明确救援流程和责任人，并根据紧急救援方案的需要，准备必要的救援物品和工具，如急救药品、止血纱布、急救器械等。到目的地后，应与当地医疗机构建立联系，了解最近的医疗机构和急救中心等信息，以便遇到紧急情况时迅速送医治疗。

6. 研学旅行保险

研学旅行保险是为了保障学生在研学旅行过程中的安全和健康而设立的，保险方案一般包括以下几种。

（1）意外伤害保险

这是为学生提供的意外伤害保障，包括意外身故、残疾和意外医疗等。该保险可以覆盖学生研学旅行过程中发生的意外事故导致的医疗费用和赔偿。

（2）旅游意外保险

这是除了意外伤害保险外，还可以考虑购买的旅游意外保险。该保险包括意外伤害保险、紧急救援、旅行取消、行李延误等附加保障，可以覆盖学生旅行过程中的额外风险。

（3）健康保险

这是为学生提供的健康保障，包括生病住院、门诊医疗、重大疾病等。该保险可以覆盖学生研学旅行过程中发生的健康问题导致的医疗费用和赔偿。

（4）财产保险

这是为学生提供的财产保障，包括行李丢失、行李延误、个人财物被盗等。该保险可以覆盖学生研学旅行过程中发生的财产损失和赔偿。

在选择保险方案时，需要根据学校意见和研学旅行的具体情况以及学生需求进行选择。此外，还需要注意保险条款中的保障范围、免责条款、理赔流程等信息，以确保需要理赔时能够顺利得到赔偿。

7. 研学旅行培训

研学旅行培训的首要任务是进行相关知识和研学活动所需技能的传授：一是根据研学旅行的主题和目的地的实际情况，如何选择相关的学科基础知识进行传授；二是根据目的地和旅途的历史、文化、风土人情等，如何帮助学生了解当地的文化特色和人文环境；三是根据研学旅行的目的和活动安排，如何传授相关的实践操作知识和技能；四是在研学旅行过程中，如何创造条件为学生提供实践操作机会，如实验、手工制作、社会实践等。

团队协作精神是现代社会所必需的素质之一。在研学旅行过程中，可以组织学生进行团队建设活动，如团队合作游戏、角色扮演等。可将学生分成若干小组，安排相应的任务和活动，让学生以小组为单位进行合作，共同完成任务，并教授学生沟通与协调的技巧和方法，帮助他们更好地进行团队协作和交流。

研学旅行是文化交流的重要平台。可以在目的地进行语言交流活动，如语言交流、文化交流等，帮助学生提高语言交流能力和跨文化意识；可以安排学生体验当地的文化特色和风土人情，如参观博物馆、历史遗迹等，以加深学生对当地文化的了解和认识；可以组织学生与当地居民进行互动交流，如家庭访问、社区活动等，以增进学生对当地文化的了解和认同。

综合素质是评价学生全面发展的重要指标之一，可以通过以下方式提升学生的综合素质。

自我管理能力培养：教授学生自我管理的技巧和方法，如时间管理、自我规划等，帮助学生更好地进行自我管理和自我发展。

创新能力培养：鼓励学生进行创新思维和实践，如创意设计、科学实验等，以培养他们的创新意识和能力。

领导能力培养：通过团队建设、组织活动等方式，培养学生的领导能力和团队管理能力，帮助他们更好地发挥个人影响力。

社会责任感培养：引导学生关注社会问题和社会发展，培养他们的社会责任感和公民意识。

8. 研学旅行产品开发

研学旅行产品开发工作是研学旅行机构非常重要的工作，涉及到研学旅行机构的项目能否吸引学校把研学旅行活动委托给本机构。

在开发研学旅行产品之前，应对客户的需求进行深入的调研和分析。客户群可以包括学校领导、学校教师、学生、家长等，应了解他们对研学目的地，包括研学地区、本市、本省、国内、国外的需求情况，以及对活动类型、课程设置、经费预算等方面的要求。

选择研学目的地时，应选择具有教育意义、文化底蕴、实践价值等特色的目的地，以及与研学目的相关的科学、文化、历史、党史等目的地；同时结合沿途或研学基地周边，还可以开发一些短小的研学课程，尽量让研学行程活动丰富起来。此外，应尽可能减少或不留给学生自由活动时间，避免发生人身安全事故。

研学活动设计是研学旅行的核心内容之一，应根据研学旅行的主题和目的地的实际情况，设计相关的活动主题，并采用多样化的活动类型，如文化交流、科技实践操作、航空航天技术了解与技术体验、自然风光体验、户外探险等。

研学模块的课程开发是研学旅行活动的重要组成部分。要结合基地或目的地的研学资源和研学目标开发研学模式的课程，学生能够亲临其境主动探究，激发学生的学习兴趣和主动性，培养学生独立思考和解决问题的能力。

制订合理的评估方式，对学生学习采用多元化的过程性评价方式，如作品展示、小组报告、实践操作评价等，以学生研学过程参与热情、解决问题能力、小组合作等方面作为评价内容，并以鼓励性评价为主。

旅行安排与安全保障是研学旅行项目关注度极高的内容。研学旅行，安全第一。安全保障措施包含安全教育、安全应急预案、医疗保障、住宿与餐饮安全等，确保学生在旅行过程中的安全和健康。

人员配备包括领队、研学旅行指导师、导游、安全员、后勤保障人员等，确保研学旅行安全顺利进行。

此外，费用预算是非常重要的环节，应明确费用的构成与标准。

9. 研学旅行营销推广

这项工作就是把研学项目开发出来向省内外客户推介，同时通过调研反馈用户的建议不断改进，推出更受欢迎的研学旅行项目。

研学旅行作为一种综合性的旅游产品，与传统教育方式相比具有独特的特点和优势。在营销推广中，需要重点宣传这些特点，如提高团队协作能力，增强实践经验，拓展国际视野等。此外，还需要强调研学旅行对个人成长和职业发展的积极影响。

从推广渠道来说，要拓展渠道推广。可以是线上推广，即利用社交媒体平台（如微信、微博、抖音等）、旅游网站、教育类网站等渠道，通过发布旅游行程、活动照片、视频、游记等形式的宣传内容，吸引潜在客户的关注；

也可以是线下推广，在中小学校、社区、培训机构等举办宣传活动，如路演、讲座、发放宣传册等。此外，还可以与知名旅行机构、教育机构合作，共同开展推广活动，并与相关行业的合作伙伴合作，通过互惠互利的方式进行推广，如与酒店、景区、航空公司等合作，共同推出优惠套餐。

另外，为了扩大研学旅行的知名度和影响力，需要积极招募合作机构。合作机构可以是旅游机构、教育机构、企业等，共同开展推广活动并提供优惠服务。招募合作机构可以通过线上和线下渠道进行，重点是要与目标客户群体相匹配。

为了吸引更多的潜在客户，还可以采用优惠政策促推广，制定一系列优惠政策。例如，针对小学生群体和老客户可以提供优惠等。此外，还可以根据不同的时间段和特定节假日，制定相应的优惠政策。

为了提高客户满意度和忠诚度，需要提供优质的售后服务，包括为客户提供旅行保险、安全保障、紧急救援等服务，旅行结束后为客户提供反馈表，收集客户的意见和建议；对客户进行跟踪回访，及时解决客户的问题和需求等。

口碑营销是最好的营销推广方式，通过客户的好评传播，可以有效提高研学旅行的信誉度和知名度。

四、研学旅行管理与服务专业人才培养方案开发

中小学研学旅行事业在国家的重视下得到飞速发展，社会需要大批研学旅行指导师。2019 年 10 月 18 日，教育部发布的《普通高等学校高等职业教育（专科）专业目录》增补了研学旅行管理与服务专业。

根据文件对研学旅行管理与服务专业的相关规定，该专业代码 640107

高职专业，归属于旅游大类，职业属性“研学+旅行”，学制三年。

该专业衔接中职的旅游服务与管理专业，接续本科的旅游管理专业、旅游管理与服务教育、汉语言文学专业。在人才培养方案内，既要充分考虑学生未来就业需要掌握的知识与能力，也要考虑学生升学通道对应知识的储备。

以下是研学旅行管理与服务专业培养方案开发案例。

研学旅行管理与服务专业培养方案

专业代码 640107　　专业名称：研学旅行管理与服务　　基本修业年限：三年

一、培养目标

本专业培养德智体美劳全面发展，具有良好职业道德、人文素养、师范素养并掌握研学旅行相关政策法规和规范标准，熟悉中小学研学旅行相关教育政策、目标要求，掌握几种研学模式教学方法，可以从事研学旅行线路设计、研学课程开发、研学课程教学实施、项目开发运营、策划咨询、运营管理等工作的高素质复合型人才。

二、就业面向

主要在研学旅行机构、相关旅行景区（点）、文博场馆、公共文化场馆、研学旅行营地（基地）等企事业单位，从事研学旅行指导师、研学旅行运营、设计、咨询、营销、方案实施等工作。

三、主要职业能力

具备遵守教师师德并掌握几种研学模式教学方法，具备研学旅行线路设计、研学课程开发和研学课程教学实施活动的能力，具备较强的沟通协调、策划组织和语言表达能力，具备正确运用相关法律法规和规范标准的能力，具备研学旅行项目开发运营、策划咨询能力，具备研学旅行安全管理、风险防控、系统保障能力。

依据《中华人民共和国职业分类大典》2022年修订版，研学旅行管理与服务所对应的岗位，研学旅行指导师职业根据《研学旅行指导师职业能力等级评价标准》分为四级到一级，共四个等级。本专业应届毕业可以申请评定为四级——如果在读期间获得国家相关竞赛达到规定的获奖等级，可以直接申请评定为三级。

研学旅行管理与服务专业对应行业、主要职业、主要岗位及职业资格证书框架如表7-2所示，其初始岗位典型工作任务与能力要求如表7-3所示。

表7-2　研学旅行管理与服务专业对应行业与岗位

所属专业大类（代码）	所属专业类（代码）	对应行业	主要职业类别	主要岗位群或技术领域		
				初始岗位	发展岗位	职业技能等级证书举例
旅游大类（64）	旅游类（6401）	中小学研学旅行教育	●研学旅行项目开发运营 ●研学旅行线路设计 ●研学旅行课程开发 ●研学旅行课程教学实施 ●策划咨询服务 ●研学旅行管理工作	●研学旅行课程教学实施 ●策划咨询服务 ●研学旅行课程开发	●研学旅行课程开发 ●研学旅行线路设计（研学方案设计） ●研学旅行手册开发 ●研学评价体系开发 ●研学旅行管理工作	●应届毕业生可以考证范围：研学旅行指导师初级（四级、三级）

表 7-3　研学旅行管理与服务专业初始岗位典型工作任务及能力要求

面向岗位	典型工作任务	工作内容	能力需求
研学旅行指导师	研学旅行课程准备	●能根据相关资源设计研学主题、研学目标，开发研学旅行课程方案、研学任务书、评价表和评价标准 ●能根据研学课程方案开发研学手册 ●能主动与主办方学校对研学方案、研学课程内容及教学方法等问题进行有效沟通 ●能设计研学旅行的行前课程，并能演示和讲授 ●能做好课程所需的物料准备、行程准备、自身的仪容仪表等准备工作	●能完成研学旅行课程设计，内容包含相关知识、研学主题、研学目标、研学课程方案、学生研学评价表和评价标准、研学手册 ●能进行研学旅行前课程设计与教育讲授，内容包含研学线路、学生需要准备的相关知识、研学课程对学生的要求、安全注意事项、学生需要准备的物品 ●课程所需物料筹备与自身仪容、仪表等
研学旅行指导师	研学旅行课程实施	●能策划并主持研学旅行出征仪式和结束仪式 ●能设计和执行旅行途中和目的地的研学课程，能用掌握的多种研学模式教学方法施教 ●能设计研学成果展示形式，及时解答学生提出的相关问题，指导学生完成研学成果展示和交流	●掌握几种研学模式的教学方法 ●掌握学生心理学知识 ●能按照研学旅行目的、活动流程组织研学课程教学 ●掌握研学成果设计及成果展示方法
	研学旅行课程反馈	●能对研学目标契合性、研学课程教学行为和课程资源利用的有效性进行评价 ●能撰写研学旅行课程评价报告与建议	●能掌握常用的学习评价方法，能对学生进行客观评价 ●掌握撰写研学旅行课程评价报告与建议的方法
	研究与撰写	●能撰写研学旅行经验总结、案例分析报告 ●能撰写研学旅行相关论文	●掌握研学旅行经验总结的撰写方法 ●掌握研学旅行论文的撰写方法

续表

面向岗位	典型工作任务	工作内容	能力需求
安全防控	安全事故预防	●能分析研学旅行安全事故发生的原因，并能有针对性地讲述安全预防内容 ●能编制研学旅行安全书面告知书，并予以解释说明 ●能熟知研学旅行安全应急预案，并按照课程设置和研学线路进行模拟安全应急演练	●熟悉研学旅行安全预防及事故处理方法
	安全事故处置	●能按照应急预案流程处置旅游安全事故 ●能采取相应措施处理学生摔伤、割伤、撞伤、烫伤、互伤、走失等事故能在安全事故发生后固定和保存证据，协助伤者向保险公司索赔 ●能分析研学旅行安全事故发生的原因，并在后期课程中设置针对性的安全预防内容	●了解研学旅行安全预防方法 ●了解旅行安全事故应急处理流程 ●了解研学旅行相关安全事故处置和急救处理知识

四、培养目标及培养规格

1. 培养目标

本专业主要面向研学旅行机构、旅游公司、中小学研学教育基地（营地）、相关旅游景区（点）、文博场馆、公共文化场馆等企业，培养具备积极健康的思想品德、良好的师范道德和旅游职业道德的人才。

掌握研学旅行相关政策法规和规范标准，熟悉研学旅行相关教育政策和要求，能从事研学旅行项目开发设计、研学旅行课程设计、研学手册设计、研学课程活动指导、策划咨询、组织实施、运营管理及接待服务等工作。

具备良好的教学表达能力、研学指导能力、组织协调能力、创新能力，兼备形象塑造、人文艺术、审美素养、科学技术等综合素养，了解中国地理、中国历史、世界地理、世界历史，以及德智体美劳全面发展的“师范＋旅游”复合型人才。

2. 培养规格（略）

五、课程设置建议

本专业课程设置建议详见表 7-4。

表 7-4　研学旅行管理与服务专业各类课程设置

课程类型	课程名称	课程安排															
公共基础课	思政课程																
	军事课程																
	创新创业基础																
	大学生心理健康																
	体育与健康																
	美育																
	大学语文																
	大学英语																
	信息技术																
公共基础课	就业指导																
	大学生职业生涯规划																
	生态文明建设																
	“互联网＋”大学生安全教育																

续表

课程类型	课程名称	课程安排															
专业基础课	研学旅行概论																
	旅游政策与法规																
	教育学																
	教育心理学																
	管理学基础																
专业基础选修课	中国共产党党史（导读）																
	中国历史（导读）																
	世界历史（导读）																
	自然科学概论（导读）																
	中小学德育及实践课程概论																
	古代汉语																
	中国民俗学																
	导游专业英语																
专业基础选修课	中国地理（导读）																
	世界地理（导读）																
	中外建筑艺术欣赏																
	中外书画艺术欣赏																

续表

课程类型	课程名称	课程安排
专业核心课	研学旅行指导师实务	
	研学线路踩点与设计	
	研学旅行课程设计	
	研学旅行教育理论与教学方法	
	研学旅行安全管理	
	计调实务	
	研学旅行基（营）地服务与管理	
专业拓展类	研学旅行市场营销	
	礼仪与职业素养	
	普通话训练	
	素质拓展活动设计	
	研学旅行研究及总结文件撰写	
	茶艺	
	职业形象设计	
实践教学环节	军事技能训练	
	劳动教育	
	社会实践	
	研学旅行活动体验	
	研学旅行项目设计竞赛	
实践教学环节	岗位实习	
	毕业设计	

核心课程与实习实训说明：实践教学环节模块，研学旅行活动体验是参加学校组织的研学旅行，体验学生的感受。研学旅行模块似实

践教学模块，研学旅行项目设计竞赛指学生对老师指定的研学资源进行研究整合，设计一套完整的研学旅行线路、研学旅行课程方案、研学手册（含研学活动全过程评价表）、评价标准、行前教育方案、安全教育告知书等。研学旅行课程教学实施实习，可以就近开展模拟研学旅行现场教学。学生到研学服务公司研学旅行实践，指从研学旅行项目开发与运营、咨询服务与市场营销、研学旅行线路设计、研学旅行课程方案设计、研学课程开发、实施指导与评价、安全管理、各种总结报告撰写等方面的实习。

六、“1+N”证书

研学旅行指导师等级证书与其他证书的类别、名称、颁证单位等详见表7-5。

表7-5　研学旅行指导师等级证书与其他证书类别、名称、单位及课程

<table>
<tr><th>证书类别</th><th>证书名称</th><th>颁证单位</th><th>融通课程</th></tr>
<tr><td rowspan="2">通用证书</td><td>高等学校英语应用能力考试证书</td><td>高等学校英语应用能力考试委员会</td><td>大学英语</td></tr>
<tr><td>普通话水平测试等级证书</td><td>省语言工作委员会</td><td>普通话</td></tr>
<tr><td>研学旅行指导师等级证书</td><td>研学旅行指导师等级证书</td><td>中华人民共和国人社部职业技能鉴定中心</td><td>研学旅行课程设计、研学旅行安全管理、研学旅行指导师实务</td></tr>
<tr><td rowspan="3">职业相关证书</td><td>教师资格证</td><td>省教育厅</td><td>教育学、教育心理学</td></tr>
<tr><td>导游资格证</td><td>中华人民共和国文化和旅游部</td><td>旅游政策与法规、地方导游基础知识、全国导游基础知识、导游业务</td></tr>
<tr><td>茶艺师</td><td>中华人民共和国人社部</td><td>茶艺</td></tr>
<tr><td>研学旅行指导师证书说明</td><td colspan="3">应届毕业生可以申报四级考试，获得全国竞赛铜奖可以申报三级考试</td></tr>
</table>

七、研学旅行管理与服务专业培养方案设计思考

本专业培养方案的设计，应以教育部专业设置要求为依据，参考研学旅行行业标准《研学旅行指导师（中小学）专业标准》和《中华人民共和国职业分类大典》中《研学旅行指导师职业能力等级评价标准》执行。

教育部专业设置要求规定了该专业必修的部分课程，对学生接续本科专业的旅游管理、旅游管理与服务教育、汉语言文学专业作出了明确的规定，要求在课程设置中考虑给学生作好课程衔接的准备，加重大学语文教学课时和大学英语课时安排。大学语文对学生升学能够打下坚实基础，对直接就业的学生未来承担工作的能力也会有很大帮助。大学英语同样对学生升学有很大帮助，对选择直接就业的学生同样会在日后的工作中有所帮助——国际化的研学旅行活动交流已经展开，出国研学旅行和外国来华研学旅行交往增多，英语作为语言交流工具，已经成为必须掌握的语言能力。

建议大学语文和大学英语选择本科教材。大学本科一、二年级已经学完这两门课，大二后学生可以通过专升本考试进入大三年级插班就读相关专业。专升本考试内容包含了大学语文和大学英语。学生在大专期间学习了部分研学旅行专业课程，对研学旅行事业有了深入的了解，结下了职业情感，升本后继续学习相关知识，毕业后依然可以到研学旅行机构工作并能作出更大贡献。

应利用学生寒暑假社会实践精心设计相关活动，让学生通过理论宣讲、学习参观、社会调研、社会服务、科技发明、毕业实习、科技文化卫生“三下乡”活动，在推进农业农村现代化的伟大实践中受教育，长才干，作贡献。

还可以通过勤工俭学、公益活动和其他实践活动，引导学生走进社会，了解社会，服务社会，培养创新精神、实践能力、调研能力、写作能力，践行社会主义核心价值观，强化社会社会责任感与担当意识、参与意识，培养艰苦奋斗、勤于实践、勇于创新的精神。

在实践教学环节模块，应以学校或本市就近研学基地为主，结合当地资源，设计研学旅行路线、研学旅行方案，开发研学课程、研学手册、学生学习效果评价表等，并进行校级竞赛，为学生就业夯实基础。研学旅行课程教学可以安排在暑期实践中完成。

还可以安排学生到企业定岗实习，让学生学习企业文化，了解企业职能部门功能及其之间的配合，了解企业人际关系及相关礼仪，熟悉企业纪律，了解工作岗位，掌握岗位要求的技能。学生普遍具有较强的适应能力和一定社交能力，通过定岗实习，检验学校所学知识，并形成完善自己个性化的能力体系，最后完成实习总结。

研学旅行指导师是我国2022年才公布的新职业，培养这个职业人才的研学旅行管理与服务专业也是一个新专业，在人才培养方面有很多值得探讨的地方，只有不断改进，不断完善，才能为我国尽快培养出一支优秀的研学旅行指导师队伍。

第八章　研学旅行路线规划与课程开发

中小学生研学旅行是由教育部门和学校有计划地组织安排，通过集体旅行和集中食宿方式开展的研究性学习与旅行体验相结合的校外教育活动，是学校教育和校外教育衔接的创新形式，是中小学教育教学的重要环节，是综合实践育人的有效途径。研学旅行是一个综合性的教育活动，研学旅行线路规划和课程开发，要注重学生的实地考察和亲身体验活动的安排，要根据研学资源开发有益的活动，促进学生综合素质和能力的提高。

教育部对中小学研学旅行活动的定义，使用“研学”和“旅行”两个名词的组合意义重大。通过这两个词义，我们应该明白教育部给研学旅行教育活动提出的要求：旅行的词义就是让学生集体走出校门，外出旅行；研学的词义就是要求以学生为主体，自主地、实践性地完成学习任务。因此，研学旅行活动是，有教育目标的旅行加学生自主地、实践性地完成学习任务的一项教育活动。教育部用“研学＋旅行”来定义中小学研学旅行活动的怎么学，对规范研学旅行课程的设计和施教都有重大的指导意义。

研学方案的设计首要明确研学旅行的目标，根据目标来确定研学旅行的主题、目标和路线，并选择适合的地点。

根据选择地点可供研学活动的资源，制订详细的研学旅行路线和研学旅行课程方案，确定交通、住宿、餐饮等，同时还要考虑每个地点的活动内容、需要准备的材料或道具等。

应根据研学旅行的主题、目标和活动线路设计课程内容。课程设计需要综合考虑学生的年龄、学科背景、兴趣爱好等因素，同时要突出研学旅行的实践性和综合性。课程活动内容尽量要与学生已学的各科知识相关，并要有一定的挑战性。在历史、文化底蕴深厚的城市或景区，课程设计可以含盖建筑文化、传统文化、历史等研学内容，让学生亲身感受和了解中国文化的博大精深，同时提高学生的文化素养和审美能力。如果研学地点有条件，还可以设计一些科学探索性课程，参观科技企业、科研机构，让学生参观机器人制造、人工智能等，了解现代科技的最新发展动态和趋势，以提高学生的科学素养和创新思维能力。

在课程设计中，要以小任务的形式提高学生的团队建设能力，让学生感受到团队合作和领导力的内涵。研学活动中，可以设计一些交流任务，指导学生与当地人交流和互动，提高学生的交流能力；并可以组织学生参观艺术博物馆，如贵州省蜡染文化博物馆等，培养学生的艺术鉴赏能力和创作能力。

总之，研学旅行课程设计需要结合研学地点的资源和学生的实际情况，突出实践性和综合性，通过丰富多彩的课程活动，让学生亲身感受和体验知识的魅力与价值，真正实现提高学生综合素质和能力的目标。

一、研学旅行路线开发

课程设计是全面指导研学旅行活动过程的实施预案，设计时应全面思考活动的全过程并确定研学目标、研学内容、研学方法、研学过程、研学评价和评价标准，并设计出突发性应急预案，确保做到“活动有方案，行前有备案，应急有预案”。

1. 研学旅行路线开发

（1）研学目标设计

作为研学机构的研学旅行指导师，应对拟定的主要研学基地及周边或沿途资源进行深入了解，通过对资源的整合分析，确定一个研学主题。一个主题可以包含几个研学课程，但每个研学课程都必须有明确的研学教育目标。

（2）研学线路开发原则

研学内容和研学路线是首先考量的指标。研学内容应该具有正能量的教育意义；研学线路应适合中小学生参观、实践、研究、体验，能对中小学生综合素质和跨学科知识应用能力有所提升，应优先选择部级或省级教育部门公布的研学基地。

（3）开发步骤

首先，要对选定的研学旅行活动基地可提供的研学内容进行分析，并对该基地所在地区的其他研学活动资源进行考察，同时对住宿、餐饮地点及安全性进行确认；其次，对研学旅行活动主体及周边研学资源统一进行整合，设计一个研学主题，开发一个或多个课程；再次，根据选定的几个研学活动点的地理位置，以串联方式设计研学活动的先后次序，尽量缩短路途上的时间；再次，设计各基地和目的地的活动内容与时间，计算好路途时间和餐饮时间，尽量把行程安排得紧凑一些——如果有空闲时间要安排集体游戏，不要给中小学生安排自由活动时间，以免发生安全事故；最后，开发研学线路。

（4）开发实例

在此，以贵州省研学旅行活动资源基础开发研学旅行为实例，供读者参考。

选取黄果树瀑布和天龙屯堡为主要研学基地。黄果树瀑布和天龙屯堡都是教育部首批公布的研学基地[①]。黄果树景区（包含天星桥景区）距离安顺市区全程约 47.7 公里。安顺市内有贵州省蜡染文化博物馆、安顺蜡染艺术馆、蜡染体验馆，附近还有600 多年前建造的天龙屯堡，享有“瀑布之乡”“屯堡文化之乡”“蜡染之乡”等美誉[②]。

可设计 1 个主题、3 个研学课程，即游览黄果树瀑布景区、蜡染文化体验、天龙屯堡探访 3 个研学活动，研学时间 3 天，详见表 8-1。

表 8-1 “走进安顺，领略多元文化”研学路线设计

研学课程 1	感受大自然馈赠的黄果树大瀑布
研学课程 2	体验非物质文化遗产蜡染的魅力
研学课程 3	探访天龙屯堡，追忆为国奉献的大明军人
研学天数	3 天
适合学段	初中、高中
线路安排	贵阳（学校）8:15——黄果树瀑布景区（10:00—13:00）——景区门口午餐（13:15—14:00）——天星桥景区（14:20—16:30）——景区门口上车（16:30）——住安顺市（17:50）——晚餐（18:15—18:45）——贵州省蜡染文化博物馆（9:00—11:00）——安顺蜡染展览馆（11:20—12:00）——午餐（12: 10—12:50）——蜡染村（1:20—17:00）——住安顺市（晚上成果交流会后休息）(次日 8:00—9:10）——天台山（9:30—11:00）——午餐（11:30—12:00）——天龙屯堡（12:10—15:30）——贵阳（学校）17:00
研学物资准备	0 号白色铜版纸每小组 3 张，A3 彩色卡纸每小组各 1 份，圆头剪纸剪刀每组 1 把，胶水每组 1 瓶，3mm 粗芯笔每组 1 支

① 教育部办公厅：《教育部办公厅关于公布第一批全国中小学生研学实践教育基地、营地名单的通知》，教基厅函〔2017〕50 号，2017 年 12 月 6 日。

② 安顺市人民政府：《安顺概况》，https://www.anshun.gov.cn/zjas/，访问日期：2024 年 5 月 8 日。

二、研学旅行课程开发

研学旅行课程开发涉及多方面因素，首先应尽量与学校课程体系中相关学科内容相关联，然后根据确定的课程主题组织课程内容，也可以结合学校的学科特点进行组织。

研学旅行课程首先强调德育，课程实施中应注重引导学生树立正确的价值观、世界观和人生观，提高他们的道德素养、培养社会责任感。

研学旅行课程注重实践和体验，在课程设计中，应安排足够的时间和机会，让学生进行实践和体验，让学生通过亲身参与和感受来获得知识与技能。

研学旅行课程要有明确的课程目标、内容、评价方式等，以确保课程开发的系统性和科学性；同时，要设计评价与反馈，对学生学习效果的评价应重视过程评价，并采用鼓励性评价为主。

在此，以“走进安顺，领略多元文化”为主题设计研学旅行课程，供读者参考。

研学主题：走进安顺，领略多元文化

一、课程名称

走进安顺，领略多元文化

二、课程主题

安顺市历史悠久，文化丰富，春秋时属牂牁国，战国时属夜郎国，秦属象郡之夜郎县和且兰县。安顺拥有独特的三国文化、屯堡文化、穿洞文化、牂牁文化、夜郎文化。

安顺市地处我国西南喀斯特地貌中心，是喀斯特地貌发育最成熟、最典型、最集中的地带，位于乌江流域和珠江水系北盘江流域的分水岭地带，境内河流纵横，落差大，水能资源丰富，江河峡谷纵横交错，峰丛石林、森林湖泊、暗河泉水星罗棋布，100 多个瀑布和 1 200 多个地表溶洞构成一幅幅绚丽多姿的立体画卷。

安顺蜡染历史非常悠久，早在秦汉时代，西南少数民族聚居地区的苗、瑶、布依等族先民(南蛮集团各部落)就已经掌握了蜡染技术。多年前，贵州境内首次在古墓中发掘了宋代彩色蜡染褶裙，灿然如新，图案为“鹭丝鸟纹”。据《贵州通志》记载：“用蜡绘花于布而染之，既去蜡，则花纹如绘，以安顺蜡染传于世。”安顺蜡染因产于苗、瑶地区，所以又称为“傜斑布”。安顺地处黔中腹地，世居少数民族沿袭“自耕自食、栽靛植棉、纺纱织布、浸染剪裁、画蜡扎绣”的生活习俗，给予了古老的民俗传统工艺生存空间，并在自身的文化创造中形成了具有一定文化内涵和特色风格的样式。目前，安顺蜡染技术已被列为非物质化遗产，安顺市也建立了全国唯一的蜡染文化博物馆。

根据安顺市悠久的历史文化、地貌特色、少数民族精湛的蜡染工艺和蜡染文化、瀑布文化、屯堡文化等，以“走进安顺，领略多元文化”为主题，下设 3 个课程主题，即“感受大自然馈赠的黄果树大瀑布”“体验非物质化遗产蜡染的魅力”“探访天龙屯堡，追忆为国奉献的大明军人”。

三、课程对象

初中学生或高中学生。

四、课程时间及地点

课程时间共 3 天。

课程开设于教育部批准建立的安顺黄果树瀑布景区研学基地、安顺非物质遗产蜡染研学基地、天龙屯堡研学基地。

五、课程目标

1. 知识目标

了解安顺多元文化的历史背景，了解安顺主要水系与黄果树瀑布所处的位置，了解蜡染的文化元素和发展历史，了解天龙屯堡的历史与文化。

2. 能力目标

能够归纳安顺多元文化要素，能用赞美的语言描述黄果树瀑布景区的美景，能根据自己的创意制作一幅蜡染作品，能根据两天的收获选择自己感兴趣的内容撰写一篇文章，能搜集整理天龙屯堡历史、文化、建筑等相关信息作为汇报材料。

3. 情感目标

通过研学旅行课程内容，体会到安顺多元文化的魅力和热爱这片土地的情感；通过探访天龙屯堡，能感受到600多年前的一批军人，奉命从江南跋山涉水来到天龙屯堡，只为保卫国家不受外敌入侵。

六、课程特色

本课程结合贵州省独特的地理特征、地域文化和民族文化，以及现有优质课程模块，通过实地考察、亲身感受、实际动手操作等方式，组织中学生开展文化体验类研学旅行活动。通过全方位展示贵州喀斯特地貌独特的自然风光和蜡染文化中体现的创作智慧与劳动的完美结合，感悟大自然的馈赠和人类的创造力；通过蜡染材料的挖掘和制作，培育学生对工匠精神的领悟；通过探访屯堡文化，感受自古以来捍卫祖国领土的使命高于一切。

每个研学课程都能够给学生带来心灵的震撼，加深学生对贵州省省情的熟悉程度，厚植家乡自豪感。

七、课程师资

每班安排研学旅行指导师 1 名、带队老师 1 名、家委成员 1 名，全队派学校领导 1 名、旅行社领队 1 名，安全师按人数比例配备。

八、课程内容

以安顺多元文化为媒介，了解安顺水系的分布情况和黄果树大瀑布在水系中的位置，感受贵州喀斯特地貌形成的黄果树大瀑布景区大自然的美丽，提高学生的审美观。通过体验非物质化遗产蜡染的魅力，探寻贵州传统工艺背后“天人合一”自然与人的完美结合；探访天龙屯堡，追忆当年为国奉献的大明军人。亲临天龙屯堡仿佛穿越时空，看到一批批大明军人为保卫国家的领土完整和百姓安居乐业，付出了巨大的代价。在这里，他们修建了防御工事，守卫着边疆，保卫着大明的领土完整。大明军人的后代在屯堡繁衍生息了 600 多年，传承着古老的军屯文化。由此感受到我们伟大祖国的领土完整，是无数人牺牲个人及家庭幸福甚至生命换来的。

通过安顺多元文化的体验，让学生了解这里丰富的文化遗产和大自然赠与人类的美景，感受家乡的美好和祖国领土完整的来之不易。

课程内容日程安排如表 8-2 所示。

表 8-2　课程活动内容安排情况

日期	活动内容	餐食住宿
第 1 天	●上午：贵阳学校报到集合，举办开营仪式（包含学校领导讲话，研学机构领导讲话，研学旅行指导师、学校班级老师和学生代表发言） 开营仪式后，统一乘车前往安顺黄果树瀑布景区参观瀑布，穿越瀑布后面的水帘洞回到景区门口 ●下午：午餐后，参观天星桥景区的水上盆景、天星桥、水上石林、银链坠潭瀑布 ●晚上：组建研学课程活动 5 人小组，布置研学任务，明确各小组成员分工，为小组取个响亮的组名 ●小组讨论今天的收获，各组用粘贴板法，把收获整理好并用关键词表现出来，各组交流收获	●餐食：含午餐、晚餐 ●住宿：研学定点宾馆（2—3 人间）
第 2 天	●上午：参观全国唯一的贵州省蜡染文化博物馆[①]和安顺市蜡染艺术馆，了解和记录作品背后的故事，了解布依族、苗族图腾在蜡染作品中的体现 ●下午：到蜡染技术体验馆亲手设计、制作一件蜡染作品 小组活动：讲讲图案设计思想和自己想说的故事 ●晚上：根据两天研学活动内容，写一篇不少于 500 字关于黄果树瀑布景区或蜡染文化及体验的文章，文体不限，题目自拟 小组交流：每组推选一篇文章、一件蜡染作品（含解说词）集体交流 ●最美作品展示：小组集体展示作品及小组最美作品（推荐解说） ●最美文章交流：各小组派一人朗读最美文章	●餐食：含早餐、午餐、晚餐 ●住宿：研学定点宾馆（2—3 人间）

① 天眼新闻：《安顺借力高铁打造一流旅游城市》，https://www.anshun.gov.cn/xwzx/asyw/202305/t20230510_79638353.html，访问日期：2023 年 5 月 13 日。

第 3 天	●上午：参观天台山五龙寺及古代军事防御建筑遗址[①]，思考古代军事防御地点为何选择天台山五龙寺，这里具有哪些备战优势，古代军事防御留存了哪些遗址；观看天龙屯堡地戏 ●下午：探访天龙屯堡，参观具有江南风格和军事防御功能的建筑，以及古代遗传下来的学校等古代建筑。每个小组采访一名屯堡人，了解他们的籍贯、服饰、生活习惯等，以及他们原始住宅军事防御功能的特点和屯堡人的故事，学唱一首四句屯堡民歌 ●集体交流（以下内容三选一）： 小组展示整理的天台山军事防御特点和发现的战斗遗迹，小组展示整理的天龙屯堡建筑特点和军事防御工能体现在哪些地方，小组展示采访屯堡人的收获 ●结业典礼：学校领导讲话，老师代表讲话，学生代表发言，研学旅行社领队发言，颁发毕业证书，集体合影 ●乘车：返回出发地点	●餐食：含早餐、午餐 ●当天下午乘车返回出发地点

九、课程实施

研学课程 1　感受大自然馈赠的黄果树大瀑布

1. 课程导入

视频播放黄果树瀑布景区和天星桥瀑布景区影片。

2. 黄果树瀑布景区简介

黄果树大瀑布（见图 8-1）是亚洲最大的瀑布和世界著名的瀑布，高 77.8 米，宽 101 米，位于安顺市西南 45 公里处，镇宁布依族苗族自治县境内，距贵州省会贵阳市 149 公里。黄果树瀑布属喀斯特地貌中的侵蚀裂典型瀑布，最早因河床突然出现一个裂点，经河水长年累月不断冲刷和溶蚀，形成巨大落差。

① 安顺市文体广电旅游局：《天龙屯堡景区》，https://www.anshun.gov.cn/zjas/asly/yzas/202401/t20240117_83550338.html，访问日期：2024 年 3 月 7 日。

黄果树瀑布群由18个风韵各异的大小瀑布组成[①]，其中以黄果树大瀑布最为优美壮观，故统称为黄果树瀑布群。由于黄果树瀑布群各瀑布不仅风韵各具特色，而且造型十分优美，堪称世界上最典型、最壮观的喀斯特瀑布群。

黄果树瀑布后面的水帘洞位于黄果树瀑布40至47米的高度上，全长134米，有6个洞窗、5个洞厅、3股洞泉和6个通道。只要有太阳，穿越水帘洞，就可以从各个洞窗中观赏彩虹。

图 8-1　黄果树大瀑布

3. 天星桥景区

天星桥景区位于黄果树瀑布下游6公里处，包括天然盆景区、天星洞景区和水上石林区。

天然盆景区是由大大小小的天然山石、水石、植物构成的天然盆景。天星洞景区位于天星桥景区中段，洞内最大厅高50米，直径150米，面积约1.8万平方米，有五光十色、变幻无穷的奇峰异石（出于安全考量，不进洞参观）。水上石林景区是喀斯特地貌小石山和水的完美结

① 安顺日报：《黄果树大瀑布景区跻身全国5A级景区品牌传播力第三，西南地区及自然景观类景区第一》，https://www.anshun.gov.cn/zjas/asly/lyzx/202401/t20240115_83540510.html，访问日期：2024年2月8日。

合，在景区水上石林的尽头，就是银链坠潭瀑布，其形如斗，其声如歌，其状如链。这个瀑布只有10余米高，上面成漏斗形，底部是槽状溶潭。在潭沿上隆起的石包，像一张张下覆的莲叶，交错搭连，河水在每一张叶面上均匀铺开，纵情漫流，像千千万万条大大小小的银链，缓缓坠入溶潭，永不停息，是黄果树瀑布群中最柔美的瀑布。

4. 黄果树瀑布文化

关于黄果树瀑布的来历有几段感人的神话传说。这些神话传说虽然没有科学依据，但却体现了多层次的文化内涵，给瀑布景观增添了神秘的人文色彩，体现了古代人民的美好愿望和智慧。

黄果树瀑布作为中国著名的瀑布景点之一，自古以来就吸引了徐霞客等众多文人墨客的关注和描述。这些文化遗产不仅对现代人了解和认识黄果树瀑布具有重要的价值，同时也体现了中华文化的传承性和延续性。距黄果树瀑布7.5公里处石岩上的远古刻字（见图8-2），字义至今还是一个迷。《西游记》电视剧中花果山水帘洞的拍摄地点就是黄果树瀑布水帘洞，师徒四人牵着白马走过一条瀑布边沿（见图8-3）的拍摄地点，就是黄果树瀑布景区最宽的陡坡塘瀑布。黄果树瀑布作为贵州省的重要旅游景点，推动了瀑布文化的传承和延续。

图8-2　黄果树瀑布附近的红崖天书

图 8-3 《西游记》电视剧在黄果树瀑布的拍摄镜头

5. 研学活动

（1）研学活动前

学生查阅黄果树瀑布景区的地理位置、安顺地区水系分布情况、黄果树瀑布的水系位置，以及黄果树瀑布景区（天星桥景区）的基本情况，记录黄果树瀑布的传说和文人墨客的赞美。

早上 7:30—7:50 在贵阳学校报到集合；8:00—8:30 举办开营仪式，包含学校领导讲话，研学机构领导讲话，以及研学旅行指导师、学校班级老师和学生代表发言。上车后，老师宣布 5 人小组的分组名单，小组成员思考为小组取个响亮的组名。

（2）研学活动中

开营仪式后，全体人员统一乘车前往安顺市黄果树瀑布景区，参观亚洲最大、世界第三的大瀑布。可穿越瀑布后面的水帘洞，聆听黄果树瀑布的美丽传说。要求知道黄果树瀑布的形成原因、瀑布高和宽及瀑布彩虹的形成原理，能够抒发对美景的赞美。之后，为节省体力，乘坐电梯从谷底到景区门口。

午餐后，各小组把组名报给老师，随后出发参观天星桥景区的水上盆景、天星桥、水上石林、银链坠潭瀑布。要求学生仔细观察水、石块、植物完美的结合，以及银链坠潭瀑布的柔美，想想用什么语言来描述。

（3）研学活动后

晚餐后，研学课程活动5人小组明确各组成员分工，讨论今天的收获，并用粘贴板法，把今天的收获用关键词表现出来。

6. 评价反馈

按表8-3内容如实填写。

表8-3　课程1的活动评价表

姓名：　班级：　组名：　指导老师：										
序号	评价内容	自评			小组评			老师评		
		A	B	C	A	B	C	A	B	C
1	研学旅行中能否遵守纪律									
2	小组讨论中发言是否积极主动									
3	研学前信息准备是否充分									
4	小组活动能否与组员友好合作									
建议										

研学课程2　体验非物质文化遗产蜡染的魅力

1. 课程导入

播放安顺蜡染视频。

2. 安顺蜡染简介

2015年，国家质检总局批准对贵州安顺蜡染实施地理标志产品保护，安顺蜡染由此被誉为“东方第一染”，安顺也被誉为“蜡染之乡”。①

安顺蜡染历史非常悠久，早在秦汉时代，西南少数民族聚居地区的苗、瑶、布依等族先民（南蛮集团各部落）就已经掌握了蜡染技术，据《贵州通志》记载：“用蜡绘花于布而染之，既去蜡，则花纹如绘，以安顺蜡染传于世。”安顺蜡染因产于苗、瑶地区，又被称为“傜斑布”。安顺地处黔中腹地，世居少数民族沿袭“自耕自食，栽靛植棉，纺纱织布，浸染剪裁，画蜡扎绣”的生活习俗，给予了古老民俗传统工艺生存的空间，并在自身的文化创造中形成了具有一定文化内涵和特色风格的样式。

安顺蜡染的正式名称出现于明朝时期，朱元璋大军征讨元朝残余势力，取平安顺利之意思设“安顺州”，安顺蜡染自此为外部所知。安顺地处黔中商业中心，随着安顺蜡染名声的远播，其传统工艺也不断得到发展。面料依靠手工织布，在采用棉麻作为面料的同时，染料制作技艺日益丰富，有很强的地域特色，北京故宫博物院至今陈列有清代宫廷珍藏的一幅安顺蜡染背扇图。

安顺蜡染的图案古朴，内容丰富，花纹精美，每个图案都有独特的寓意或故事。当地苗族图案带有史书性质，似铠甲，像文字，或写意，或抽象，变化万端。布依族大多是图腾图案，有太阳纹、云雷纹、回纹、铜鼓纹，且连续对称，古朴典雅。目前，也有些蜡染图案为符合中外游客审美，融入了现代时尚元素。传统蜡染工艺是将蜂蜡熔化后，用蜡刀蘸上蜡液，在白布上描绘各种图案，再放入染缸，染液顺着蜡布表面的裂纹渗透，留下人工难以刻画的自然花纹，然后经过去

① 安顺市人民政府：《安顺蜡染》，https://www.anshun.gov.cn/zjas/asly/mzwh/202401/t20240117_83555322.html，访问日期：2024 年 4 月 1 日。

蜡漂洗，一幅精美的蜡染作品就完成了。

安顺蜡染布料以当地少数民族所用纯棉为原料手工制成的土布为主，染料都采用当地植物制成。蜡染所用蜡是当地产的蜂蜡。安顺是天然植物蓝靛生长和染料靛蓝提取的故乡，每年有大量靛蓝在这里交易。安顺地区出产的靛蓝色泽浓艳，着色好，附着力强。安顺还有栀子花、杨梅等植物染料，色彩各异，如图 8-4、8-5、8-6。

图 8-4　安顺蜡染非遗传承大师作品（布依族）

图 8-5　黔南蜡染非遗传承人杨芳的作品（苗族）

图 8-6　艳丽的安顺蜡染

3. 安顺蜡染文化

（1）安顺蜡染的历史文化

安顺蜡染的起源可追溯到两千多年前的秦汉时期，甚至更早。蜡染古称“蜡缬”(“缬”的意思是染彩)，与“绞缬”“夹缬”一起被称为中国古代的三大纺染工艺。自古以来，安顺人民用智慧和勤劳传承着蜡染技艺。

（2）安顺蜡染传递了民族文化特色

安顺蜡染的图案组合因各民族的审美认知和理念的不同而有所差异：苗族蜡染的图案组合，既讲究严谨对称，又追求灵动变化，图案中常常出现苗族崇拜的图腾蝴蝶妈妈的图案；布依族蜡染的图案组合，既有写实的花、鸟、鱼、虫、山、川、星、云，又有写意的水波螺旋、蕨花印章，图案中也常会出现布依族崇拜的图腾鱼的图案。这些民族特色的图案组合，反映了不同民族对大自然的感悟和理解，也可以说是少数民族的文化体现。

（3）安顺蜡染艺术的内涵文化

安顺是多民族杂居地区，尤其是现代各民族交往密切，文化互融。

各民族蜡染的纹样主题涵盖自然纹样和几何纹样两大类。自然纹样取材于自然界中的花、草、飞鸟、虫、鱼等动植物，龙、凤的形象也常常出现在蜡染图案中。也有以图腾形象为表现元素，既有对图腾的神圣崇拜，又具有自然纯朴的装饰之美。

（4）安顺蜡染非遗文化传承

贵州省蜡染文化博物馆的开放，既丰富了人们的精神文化生活，也为安顺蜡染非遗文化的传承与弘扬作出了贡献。

4. 蜡染工艺

首先，选用纯棉布用草灰漂洗干净，然后用煮熟的芋捏成糊，均匀涂抹在布的背面，晒干后，用牛角磨平；其次，把白布正面朝上平贴在桌面上，将蜂蜡熔化后用专用的铜刀蘸蜡，画出图案花纹；再次，把画好的蜡片布放到蓝靛染缸里，一般每件需要浸泡五至六天。第一次浸泡取出晾干，得到浅蓝。多次浸泡得到深蓝。如果想要呈现深浅两种蓝色花纹，可以在第一次浸泡后再用蜡画上一层图案。多次染色后就会在一块布料上呈现白色、浅蓝、深蓝三种花纹。最后，通过冲洗、煮沸去蜡、漂洗，就可以呈现蓝白分明的图案了。

5. 研学活动

（1）研学活动前

学生查阅蓝染历史、文化、工艺和蜡染图案的传说。

（2）研学活动中

上午：参观贵州省蜡染文化博物馆和安顺市蜡染艺术馆，了解和记录作品背后的故事，仔细观察作品的图案结构与色彩结构，主动向博物馆讲解员咨询各种图案构成的技巧和图案的基本元素有哪些，并咨询多色彩图案的工艺方法和使用的颜料。

下午：到蜡染技术体验馆亲手设计、制作一件蜡染作品，在小组活动中讲讲图案设计思路和自己想说的故事。

（3）研学活动后

晚餐后，根据两天研学活动内容，写一篇600字左右关于黄果树瀑布景区或蜡染文化及体验的文章，文体不限，题目自拟；小组交流：推选一篇文章、一件蜡染作品（含解说词）参加集体交流；集体交流：小组集体展示作品及小组最美作品（推荐解说），各小组派一人朗读最美文章。

6. 评价反馈

按表8-4内容如实填写。

表8-4　课程2的活动评价表

姓名：	班级：	组名：		指导老师：						
序号	评价内容	自评			小组评			老师评		
		A	B	C	A	B	C	A	B	C
1	研学旅行中是否主动搜集蜡染文化与技术相关信息									
2	是否掌握蜡染制作过程并成功完成作品									
3	作文是否符合研学课程要求									
4	小组活动能否与组员友好合作									
5	是否积极参与集体汇报交流									
建议										

研学课程3　探访天龙屯堡，追忆为国奉献的大明军人

1. 课程导入

（1）天龙屯堡简介

天龙屯堡古镇位于贵州省西部安顺市平坝县喀斯特地貌大山深处，

距贵阳市 72 公里。这里地处西进云南的咽喉之地，聚居着一支与众不同的汉族群体——屯堡人。他们是明初时朱元璋调北镇南屯兵的后裔。当年，这个屯堡的屯兵都来自江浙汉族，至今他们还保留着明朝服饰、秦淮风俗和明朝军人遗风。

天龙屯堡由天台山风景区和天龙屯堡景区两个主要景区组成。天台山顶最大顽石直插云间，山虽不高，其势陡峭，似一座登天高台，故名天台山。山顶依山形地势而建五龙寺。三面是绝壁。东面沿地势修建了唯一一条小路，通过厚厚的城墙开的一个小石门，可以进入天台山五龙寺，感受到石门“一夫当关，万夫莫开”的军事功能。围绕天台山修建了古城墙，有垛口、炮台、瞭望哨，至今残垣尚存。站在古城墙的栈道上，可以看到 600 多年前的屯堡军人就是守护那条通往云南的必经之路。山上还遗留了明朝征南军队在天台山背后的兵器加工场所（本地人呼之为“打铁坑”）。天台山有着极强的军事性。天龙屯堡景区是军屯将士家属、商人和普通老百姓居住的地方。

（2）天龙屯堡建筑风格

在屯堡，可以看到构筑坚固的建筑群和高耸的碉堡（见图 8-7）。碉堡的不同方向留有三角形的观察窗眼，现在依旧保存完好，岿然屹立，在古城堡上仍依稀可见旧时战乱留下的痕迹。屯堡民居大多沿袭了江南水乡风韵的木石结构的建筑形式，门前小桥流水。屯堡巷道纵横交错，遍布于巷道。民居住房户户紧挨，家家都可以互通。小小的石拱门也具有军事功能，整个屯堡就是一个近距离作战的建筑群。这一切无不显示出战争的遗迹和屯堡人武备的思想。就连厕所门都只有不到 1.4 米高，就是让军人平时练就曲腿快跑的能力，以及在天龙山防御工事（围墙高度 1.4 米）栈道上快速奔跑的本领。平时加强锻炼，战时才会少牺牲。

图 8-7 天龙屯堡明代建筑

（3）天龙屯堡的大明遗风

屯堡随处可见身穿大襟宽袖、蓝色长袍的“屯堡人”。他们是明太祖朱元璋为加强其在西南的统治，600 多年前从内地迁来的驻军屯垦军士后代。由于当时交通闭塞，600 多年来与外界交流不多，他们仍保留着明代汉人服饰特征、头饰特征、生活习俗、文化习俗。屯堡文化自成一格，既不同于其他汉族文化，又不同于本土少数民族文化，是相对封闭的明代文化遗存。

屯堡人都说自己的祖籍是南京。由于屯堡特殊军事功能及交通闭塞等因素，好像是被大明遗忘的角落，如今他们独特的语言、服饰、生活习俗、文化活动，让人仿佛走进了 600 多年前的秦淮大地。

（4）天龙屯堡文化古迹

天龙学堂于 1907 年创办，共分为主楼、教学楼、图书楼、宿舍楼及伙房等。整体建筑气势磅礴，体现了屯堡人崇文尚武，重视教育的精神。清末进士陈延荣题写匾额“敬业乐群”，名士王元直题写匾额“崇德广业”，五龙寺住持本安和尚（字静轩）为自己捐资修建的图书楼题写

“静轩图书室”5字。国民党要员吴雅辉到校视察后，题书“合力之伟，近之教于乡，远之将福送全国”的单条等。

地戏源于明代的军傩，军傩这种军队专司的仪典是由征南大军带入黔中的。屯堡人的祖先跳军傩不是娱人，而是杀敌，地戏演的全是报国杀敌的英雄故事，地戏是武戏。

（5）天龙屯堡军人舍己为国的精神

600多年前，明朝为平叛西南各领地的武装力量，保卫国家太平，派大批江浙士兵到西南地区。平叛胜利后，为了稳固平乱成果，朱元璋下令大批江浙士兵就地屯军，闲时种粮，战时打仗。天龙屯堡就是在这样的历史背景下建立的。后来，他们的家属也陆续投亲过来。

贵州当时只有几条古栈道通向外省，士兵从南京到安顺平坝很多地方只能靠步行。驻扎在军屯，也就意味着永远不能回到故乡了。为了完成军人保卫国家的职责，他们在天台山修建军用工事，在距离天台山两公里处建设屯堡，永远履行军人的职责。他们繁衍的后代祖祖辈辈都生活在屯堡里。还有很多各个历史时期的军人，他们也是为了保卫国家离开自己的故乡，很多人甚至为了保卫国家而壮烈牺牲。今天祖国的太平离不开历代军人所作的贡献，他们舍己为国的精神永远值得我们学习！

2. 研学活动

（1）研学活动前

学生查阅天龙屯堡的历史与文化，以及屯堡先民600多年前来到偏僻地方建立屯堡的意义。

（2）研学活动中

上午：参观天台山五龙寺及古代军事防御建筑遗址，思考古代军事防御地点为什么选择天台山五龙寺，五龙寺有哪些备战优势，古代军事防御留存了哪些遗址；观看天龙屯堡地戏。

下午：探访天龙屯堡，参观具有江南风格和军事防御功能的建筑，以及古代遗传下来的学校等古代建筑。每个小组采访一名屯堡人，了解其籍贯、服饰、生活习惯等，以及其原始住宅军事防御功能的特点和屯堡人的故事，学唱一首四句屯堡民歌。

最后是小组讨论，整理搜集的资料，准备小组发言材料。

（3）研学活动后

集体交流（以下内容三选一）：小组展示整理的五台山军事防御特点和发现的战争遗迹及感想，小组展示整理的天龙屯堡建筑特点和军事防御功能体现在哪些地方及感想，小组展示采访屯堡人的收获及感想。

3. 评价反馈

按表 8-5 内容如实填写。

表 8-5　课程 3 的活动评价表

姓名：　班级：　组名：　　指导老师：										
序号	评价内容	自评			小组评			老师评		
		A	B	C	A	B	C	A	B	C
1	研学活动中能否遵守纪律									
2	是否认真观察五台山军事防御特点和战斗遗迹									
3	天龙屯堡建筑特点和军事防御功能体现在哪些地方									
4	是否积极参与小组采访活动									
5	小组活动能否与组员友好合作									
6	是否积极参与集体汇报交流									
综合	综合前两次课程总成绩：(　　), A. B. C. 老师签字：									
建议										

4. 结业典礼

结业典礼包括研学旅行社领队发言，老师代表讲话，学生代表发言，颁发毕业证书，集体合影，之后乘车返回出发地点。

5. 安全守则

（1）仔细阅读《研学守则》，规范个人言行，守时守规。

（2）妥善保管随身行李物品，防止财物丢失。

（3）不建议携带大量现金及贵重物品。

（4）行走过程中严格遵守交通规则，确保自身安全。

（5）在景区切记看景不走路，走路不看景。

（6）了解目的地天气状况和地理环境，准备好合适衣物。

（7）服从住宿安排，尊重他人隐私，和谐相处。

（8）爱护酒店内设备设施，安全用电，节约用水用电。

（9）晚上休息时锁好房门，保管好房卡或钥匙。

（10）主动熟悉酒店内安全疏散通道。

（11）按时休息，不熬夜。

（12）离开酒店前清点整理好个人物品，不要遗落在酒店。

（13）遵守当地法律法规和社会风俗，与当地民众和谐相处。

（13）尊重服务员的劳动，谦和有礼。

（14）文明用餐，不浪费，不暴饮暴食。

（15）不擅自离开队伍，各小组成员互相提醒，确保人身安全。

（16）研学旅行中仔细聆听安全员讲话内容并严格遵守。

三、研学旅行手册开发

研学旅行手册开发的主要内容：一是要有明确的研学目标；二是研学安排，包括研学旅行各时间段、地点、交通、餐饮、住宿等方面的安排；三是研学课程内容，包括学习内容的相关知识，也可以标明需要学生研学前搜集的相关知识，以及不同学习阶段相应的学习任务、评价表；四是研学方法，包括讲解、演示、实践、小组讨论等；五是研学过程的记录，包括学习活动记录、学习成果、小论文、小组讨论成果等；六是学生的研学成果交流和总结评价。

由于篇幅原因，研学旅行手册开发实例请参考第四章案例和第九章案例。

第九章　高校国际学生研学旅行教育案例

为响应国家“一带一路”倡议，推动教育对外开放，国际教育与教育交流合作越来越频繁，对外开放政策吸引外国留学生到中国留学的人数逐年增加。基于对中国文化的认同和热爱，许多国际学生来华留学，并逐步成长为“知华、友华、爱国”的国际青年。“中国－东盟教育交流周”是中国与东盟各国政府间知名的国际教育与人文交流平台，以构建“中国－东盟教育共同体”为新使命，平台下有多种形式的子活动，为中国及东盟友好国家开展合作搭建了重要的桥梁。

中国古人董其昌说“读万卷书，行万里路”，丹麦安徒生也有句名言“旅行就是生活”。“知行贵州”是“交流周”平台下发起的品牌活动，是传播文明、深化友谊的桥梁，也是实现“一带一路”民心相通目标的路径。为加强中外青年交流，增进彼此友谊，自2021年起，贵州省启动实施了“交流周”全年期项目——“知行贵州”丝绸之路青年交流计划。计划每年至少邀请100名共建“一带一路”国家青年到贵州开展短期交流研学，进一步加强贵州和“一带一路”国家的人文交往，并为“中国—东盟教育交流周”青少年交流品牌项目提供先行经验。“追溯艺精情浓的创业史，探索不朽的贵州工匠精神——贵州轻工业文化研学体验活动”便是其中的一项品牌活动，在此详细论述以其为主题的研学旅行教育案例，供读者参考。

一、研学旅行活动内容选择

1. 活动前准备

由于参加这次研学旅行活动的学生来自东盟成员国、中东地区及非洲，在研学活动内容的选择方面必须考虑各国文化的差异。在遴选课程模块时，要尊重彼此的文化差异，并尽可能地了解和适应对方的文化，尤其是饮食禁忌、生活习惯以及其他民族差异问题。在交往过程中，还要考虑不同国家可能有不同的社交礼仪和礼节，首先要尊重他们的礼仪，但也要让外国留学生了解和遵守我们国家的社交礼仪。

另外，参加这次活动的都是国内各高校的外国留学生，一般可以用中文交流，特殊情况也可以用英语沟通。

2. 确定研学目标

本次研学活动开展的目的是希望借助活动，继续加强中外交流和沟通，引导国际青年聆听中国故事，聆听中国声音，互学互鉴，增进友谊，客观真实感受中国共产党领导下的中国之变、贵州之变。课程设计可从以下三个维度展开。

第一，感知今日之贵州，做中国工匠精神的体验者。

在本次研学课程实施过程中，外国留学生将学习贵州酿酒、黔茶、蜡染等三个模块的重点课程。从粮食的发酵到制酒、六大类茶叶分类到茶叶发酵程度的区别，以及蜡染技术，可以说，无一不与中国传统文化和独特工艺相关。但由于时间限制，外国留学生体验的仅仅是三类产品制作过程中具有艺术鉴赏性和实操体验性的一个环节，研学内容是具有可观、可感、可体验、可讲述、可传播的内容。

贵州以酒、茶、蜡染等为代表的轻工业制品，均有历史，有底蕴，对于地方产业而言，有规模，有效益；对于中外交流的效果而言，一定是有特质，有品质，有品牌，有影响，有渊源，有典故。在中国共产党领导下，贵州实现了从发展滞后到赶超跨越的巨大转变，贵州绿色生态产业、特色优势产业发展势头良好，为贵州与全国同步全面建成小康社会作出了重大贡献。

第二，感知今日之贵州，做中国工匠精神的创新者。

让参加活动的外国留学生领会“创新是一个民族进步的灵魂，是一个国家兴旺发达的不竭动力，也是中华民族最深沉的民族禀赋”[①]之深刻内涵，以及守正创新在贵州工匠精神中的重要性。工匠精神既要保护与传承传统文化和技艺，又要不断尝试新的工艺和技术，以适应现代市场需求，提高产业竞争力，并确保中华民族的创新精神一代代传承下去。参观工艺流程时，应引导学生勤观察，多思考，大胆探索新工艺、新技术，推动贵州工匠技术的持续发展。

第三，感知今日之贵州，做中国工匠精神的传播者。

中国、东盟关系发展始终坚持睦邻优先原则，奉行“友邻之道”。以习近平同志为核心的党中央高度重视教育事业，深刻指出“教育是人类传承文明和知识、培养年轻一代、创造美好生活的根本途径”，要求“始终把教育摆在优先发展的战略位置”“办好人民满意的教育”。中国与东盟人文交往近年来更加密切，2019 年度双方人员往来超过 6 500 万人次，每周往返于中国和东南亚之间的航班近 4 500 架次，双方互派留学生超过 20 万，彼此结成了 200 多对友好城市。交往多了，感情深了，心与心才能贴得更近。

在这次“贵州轻工业文化研学体验活动”中，与贵州特色产业相关的三大特色课程板块共 40 个课时，设计了 4 次晚上互动讨论活动和 1 次外出参观体验，课程内容紧凑，行程安排得当，师资团队来自校内骨干教师、企业一

---

① 《习近平谈创新》，《人民日报》2016 年 3 月 1 日。

线优秀工匠、校外博士专家团队等。通过课程分享，学员能够感受到严谨的学术态度、精益求精的工匠技艺、儒雅细腻的中国礼仪和博大精深的中国传统文化，同时深刻体会到贵州人民勤奋踏实的创业、守业、敬业的生活态度。

二、研学旅行活动内容设计

1. 确定研学活动内容

贵州省位于中国西南地区，省会是贵阳。贵州拥有丰富的自然资源和地方特色产业，如工业、数据产业、旅游业、白酒产业、茶叶种植与制作、蜡染等。据此分析，我们选择了最具有地方特色，又有可供研学活动体验的白酒酿造、茶叶种植与制作、蜡染技术或扎染技术为主的研学体验课。

在活动设计中，考虑到一些国家具有不允许喝酒的宗教文化，我们只了解生产技术和酒文化，用酿酒菌类绘制菌落图，不安排品酒；而喝茶在他们国家都是允许和倡导的，在体验茶叶生产、茶叶品鉴和茶文化方面的活动安排得非常丰富。

2. 研学活动 1　了解酒文化和贵州白酒产业技术

贵州是中国著名的白酒产区之一，是全国重要的白酒生产基地，以酱香型白酒为主，兼有浓香型、药香、清香及兼香型。其中，酱香型白酒的产量和品牌数量占据主导地位。酱香型白酒的企业、产能、产量及品牌 80% 以上都集中在赤水河流域，这使得贵州省白酒产业在地理上具有集中的优势。①贵州白酒产业的成功主要依赖于其出色的酿酒技术，其中的茅台酒是中国的

---

① 张建：《贵州：持续打造世界酱香白酒产业集聚区》，《贵州日报》，2023 年 9 月 9 日，第 6 版。

传统特产酒，是与苏格兰威士忌、法国科涅克白兰地齐名的世界三大蒸馏名酒。[①] 茅台酒生产据文字记载已有 800 多年历史。2001 年，茅台酒传统工艺被列入国家级首批物质文化遗产。2006 年，国务院批准将“茅台酒传统酿造工艺”列入首批国家级非物质文化遗产名录，并申报世界非物质文化遗产。[②]

茅台酒是酱香型白酒，采用当地种植的小粒红缨子糯高粱。这种高粱粒小，皮厚，黏糯，出酒率低。每年秋季重阳节采摘小粒红缨子糯高粱，加入赤水河的水浸润，加入酒曲，堆积发酵，蒸馏，这样 9 次循环，7 次取酒，历时 1 年才能生产出茅台基酒。成品酒灌瓶前还要储存 5 年，才能作为茅台成品酒上市。由于茅台酒的生产周期长，出酒率低，用料成本高，酒价也高。

贵州省轻工职业技术学院的白酒酿造专业有完整的白酒酿造检验实验室和生产实践设备，还有酒文化展览馆。酿酒技术一直是人们感兴趣的体验活动，所以，选择白酒酿造体验作为这次研学活动课程。

3. 研学活动 2　了解茶文化，体验贵州茶叶产业技术

贵州是中国的主要茶叶产区之一，茶叶生产在贵州有着悠久的历史和深厚的文化底蕴。贵州的气候、土壤和地理环境都非常适合茶叶的生长，因此，贵州茶叶具有独特的品质和风味。贵州茶叶主要分布在黔南、黔西南、黔东南、湄潭县等地区。在茶叶制作方面，除了传统的制茶工艺外，贵州还积极推广现代制茶技术，以提高茶叶的品质和生产效率，茶叶品质也得到了广泛认可。贵州茶叶以春季采摘为主，也有少量在秋季采摘。采摘的茶叶经

---

① 茅台酒是世界三大名酒之一，也是举世公认的中国“国酒”，它以悠久的历史、纯美的酒质、独特的风格和特有的“空杯留香”而享誉世界。参见曾宪林主编《中国轻工业年鉴 1989》，轻工业出版社、中国轻工业年鉴社，1989，第 6 页。

② 李屹：《侗族大歌、茅台酒酿造工艺“申遗”》，《中国文化报》2008 年 11 月 7 日，第 2 版。

过杀青、揉捻、干燥等工艺流程，制成各种类型的茶叶，如绿茶、红茶、乌龙茶等。由于贵州茶叶具有独特的口感和香气，深受茶友们的喜爱。

本次采茶、制茶研学体验活动选择贵州省黔南州的贵定云雾山茶场。贵定云雾茶是绿茶极品，古代称为“鸟王茶”，早在元、明、清时期就成为皇家贡品。乾隆五十五年（1790），朝廷特拨银子420两给鸟王苗民扩大贡茶生产，官府将拨银批复文告刻碑“万古流芳”在云雾山上，人称“贡茶碑”。嘉庆十年（1805），为保护贡茶生产地域不受侵犯，又立“云雾鸟王贡茶产地界碑”，界定了云雾鸟王贡茶产地范围。光绪年间，贵州省巡抚曾献云雾鸟王贡茶两匣给朝廷，“一匣献给皇上，一匣献给老佛爷”。该宝物资料现陈列于中国第一档案馆内。至今贵定云雾山茶场还有当年朝廷在茶山上立的石碑。①

茶场位于贵定县云雾山海拔1 500多米高的半山腰，由于其最早产地在鸟王关，曾名“鸟王茶”。其产品特色为“卷曲披茸，色泽银绿，汤色绿黄清澈，香气馥郁，味浓爽，回甘力强，叶底嫩绿微黄明亮”，是极品绿茶。

4. 研学活动3　了解蜡染文化，体验贵州蜡染技术

贵州省蜡染具有悠久的历史，早在春秋战国时期，这里的居民就已经掌握了蜡染制作工艺。贵州省蜡染主要分为苗族蜡染和布依族蜡染两大类。其中，苗族蜡染在贵州省多个苗族支系中均有分布，所染图案丰富多彩，包括古老传说和原始认知等内容，集中反映了古代先民的自然崇拜和图腾崇拜意识；布依族蜡染主要分布在镇宁、关岭、黄果树瀑布景区等县区，染出的成品构图巧妙，变化多端，纹样多为写实的花、鸟、鱼、虫或抽象的螺旋、水波、菱形、云雷等几何图形，表现了人们对宇宙的认知，对自然山川的崇

① 邓播、肖正广：《黔南州贵定县茶事文化述略》，《中国茶叶》2018年第10期。

敬，以及对美好生活的追求与向往。

安顺蜡染以其原生性和独特性已被列入国家非物质文化遗产保护名录。2015 年 4 月 7 日，国家市场监督管理总局批准对安顺蜡染实施地理标志产品保护。

贵州安顺蜡染被誉为"东方第一染"，安顺也被誉为"蜡染之乡"。据文献记载，安顺蜡染已有两千多年历史，从平坝棺材洞出土的宋代蜡染衣裙佐证了其史实。安顺蜡染以苗族和布依族蜡染为主，传承了古老的工艺，图案极其丰富，大致为几何纹和自然纹两大类，常见的纹样有铜鼓纹、蝴蝶纹、鱼纹、鸟纹、花草纹、山水纹、螺旋纹、星云纹、万字纹、米点纹等。这些纹样所组合的图案，因民族的审美认知和理念的不同而有所差异——苗族蜡染经常见到其崇拜的蝴蝶图腾，布依族蜡染则经常会出现其崇拜的鱼图腾，色彩通常采用红、黄、棕等多色套染，具有浓郁的少数民族特色。

5. 研学活动 4　了解扎染文化，体验贵州扎染技术

贵州扎染技术是一种具有悠久历史和丰富文化内涵的传统手工艺，不仅是一种技艺传承和文化传承的重要载体，更是一种具有很高艺术价值和文化价值的文化遗产。贵州扎染技术的历史，可以追溯到古代的扎缬、绞缬和夹缬等染色技术。[①] 这些技术在古代就已经被广泛使用，成为一种流行的民间手工艺。人们将扎染技术融入自己的传统文化中，形成了独特的艺术风格。贵州布依族土布扎染工艺有着丰富的文化内涵和独特的民族地域性艺术风格，已被列入贵州省第一批省级非物质文化遗产代表作名录。

贵州扎染技术所使用的材料主要是天然的植物和矿物材料，植物材料主

① 饶成英、肖红：《唐代印染服装色彩与工艺研究》，《化纤与纺织技术》2021 年第 4 期。

要包括靛蓝、红花、栀子等植物的根、茎、叶和花等部位。这些植物材料经过加工和处理后，可以提取出各种颜色的染料，如蓝色、红色、黄色等。

贵州扎染技术有缝扎法、捆扎法、缝绞法、箱扎法等，其中，捆扎法最简单。捆扎法扎染是用线或绳子以各种方式绑扎布片，然后放入染液中，因绑扎处染料无法渗入而形成自然的特殊图案，以蓝、白二色为主调，古朴而意蕴，给人以青花瓷般的淡雅之感。

三、研学旅行活动手册设计

研学活动是一种重要的学习活动，可以帮助学生获得新的知识和技能，提高综合素质和实践能力，培养创新精神和团队协作能力。通过经常参与研学活动，可以不断拓宽学生的视野，为实现人生目标起到很好的奠基作用。这种学习方式强调学生的主动性和实践性，以及课程的多元化和灵活性。研学活动是动态的教学活动，活动内容的灵活性和活动中学生参与的积极性，会让研学收到更好的效果。为了让学生知道自己在活动的全过程中什么时间做什么，必须给每个学生准备一个研学手册。

研学手册是指导外国留学生了解和体验新知识、新技能的学习活动指南，也可以称为活动大纲，其中的活动地路线可以帮助学生掌握活动时间、地点和课程活动内容。

研学教学方案的设计和研学手册的设计方法在前几章已有说明。由于针对的施教对象是拥有不同国籍的外国留学生，在研学内容选取、教学实施过程和餐饮环节等，都要考虑不同国家的风俗习惯、文化背景、禁忌、语言等因素。

2021 年的研学手册设计，考虑到参加活动的外国留学生来中国都有两年及以上时间，中文基础很好，采用中文撰写。由于篇幅原因，兹不列举研学教学方案设计，且列研学手册案例于后。

案例 1　2021 年东盟教育活动项目研学手册

2021 年东盟教育活动项目研学手册

追溯艺精情浓的创业历史

探索不朽的贵州工匠精神

——贵州轻工业文化研学体验手册

国家：

姓名：

一、研学前须知

1. 多彩贵州简介

亲爱的朋友，欢迎来到美丽而神奇的贵州，这是中国西南的一块绿宝石，是一个爽爽的、令人沉醉的、多彩的地方。

所谓多彩（Colourful），意思是说贵州是一个多民族共居的省份，全省共有 56 个民族；贵州少数民族能歌善舞，传统音乐舞蹈丰富多彩；少数民族的服饰至少有上百种，不仅款式丰富多彩，制作技艺精巧，而且内涵深邃广博，堪称“无字史书”。

所谓令人沉醉（Intoxicating），意思是说这里盛产世界闻名的茅台酒，少数民族喜爱的米酒，普通市民喜爱的自酿葡萄酒、杨梅酒，夏季夜宵所有人都喜爱的夜啤酒。贵州特色小吃和令人着迷的风景，让游客流连忘返。

所谓凉爽（Coolest），意思是说在北半球很少能找到一个七八月份平均温度保持在23度的城市，贵州省会城市贵阳就是其中一个，被称为避暑的天堂。贵阳的凉爽来源于丰富的降水量，以及高达46.5%的森林覆盖率，因此，贵阳也被称为“林城”。

2. 研学主题

追溯艺精情浓的创业历史，探索不朽的贵州工匠精神。

3. 研学课程

酱香型白酒工艺与中国酒文化、黔茶工艺与茶文化、蜡染工艺。

4. 东盟研学活动

近年来，我国各地积极探索开展研学旅行，部分试点地区取得了显著成效，在促进学生健康成长和全面发展等方面发挥了重要作用，积累了有益经验。在此背景之下，贵州省国际教育交流协会与贵州轻工职业技术学院共同发起“2021中国—东盟研学旅行教育发展论坛”，为中国—东盟国家及地区开展研学旅行交流，相互学习、分享经验提供机会，为促进中国与东盟各国及地区研学旅行发展创造机会，打造“中国—东盟研学旅行教育生态圈”，为学生提供更好的研学旅行实践活动创造条件。

5. 可能遇到的问题

（1）联系方式。

应准备表9-1所示“活动组织关键人员通讯录”。

（2）住宿安排及周边地图。

住宿应尽量安排在安全、卫生、清静的酒店，而且出行方便，如图9-1所示。

（3）天气状况。

提前15天准备，每日更新。

表 9-1 活动组织关键人员通讯录

活动总负责人	
课程老师（酱香型白酒及食品工业）	
课程老师（蜡染）	
课程老师（黔茶）	
随行医生	
安全员	
带队老师	
队长	

图 9-1 酒店周边地图

6. 研学守则

（1）仔细阅读《研学守则》，规范个人言行，守时守规。

（2）妥善保管随身行李物品，防止财物丢失。

（3）不建议携带大量现金及贵重物品。

（4）行走过程中严格遵守交通规则，确保自身安全。

（5）了解目的地天气状况和地理环境，准备好合适衣物。

（6）服从住宿安排，尊重他人隐私，和谐相处。

（7）爱护酒店内设备设施，安全用电，节约用水用电。

（8）晚上休息时锁好房门，保管好房卡或钥匙。

（9）主动熟悉酒店内安全疏散通道。

（10）按时休息，不熬夜。

（11）离开酒店前清点整理好个人物品，不要遗落在酒店。

（12）遵守当地法律法规和社会风俗，与当地民众和谐相处。

（13）尊重服务员的劳动，谦和有礼。

（14）文明用餐，不浪费，不暴饮暴食。

（15）研学旅行中仔细聆听安全员讲话内容并严格遵守。

（16）如需外出，应提前通知所在组组长报备。

7. 研学活动安排

研学活动具体安排如表 9-2 所示。

表 9-2　研学活动具体安排

<table>
<tr><th>日程</th><th>时间</th><th>活动内容</th><th>地点</th></tr>
<tr><td rowspan="5">第1天</td><td rowspan="2">上午</td><td>参观酒文化展馆
投壶游戏</td><td>轻化工系酒文化展览馆</td></tr>
<tr><td>平面菌落绘画</td><td>轻化工系四楼实验室</td></tr>
<tr><td rowspan="2">下午</td><td>制作粽子
中国“礼”字讲解</td><td rowspan="2">轻化工系实训车间</td></tr>
<tr><td>中国传统节日介绍
制作手工香包
品尝粽子</td></tr>
<tr><td>晚上</td><td>课程复盘
趣味游戏：闻香识主人</td><td>酒店会议室</td></tr>
<tr><td rowspan="4">第2天</td><td rowspan="2">上午</td><td>蜡染文化讲解
实验室安全讲解</td><td>艺术设计系蜡染实训室</td></tr>
<tr><td>讲解示范纯植物浸染法制作蜡染小方巾的方法及操作流程
现场熔蜡与画蜡</td><td>艺术设计系蜡染实训室</td></tr>
<tr><td>下午</td><td>纯植物蓝靛染液浸染</td><td>艺术设计系蜡染实训室</td></tr>
<tr><td>晚上</td><td>课程复盘
趣味交流：蜡染图案拼图</td><td>酒店会议室</td></tr>
<tr><td rowspan="5">第3天</td><td rowspan="2">上午</td><td>蜡染小方巾脱蜡</td><td rowspan="4">艺术设计系蜡染实训室</td></tr>
<tr><td>蜡染小方巾晾晒</td></tr>
<tr><td rowspan="2">下午</td><td>蜡染小方巾熨烫整理</td></tr>
<tr><td>完成蜡染小方巾成品制作</td></tr>
<tr><td>晚上</td><td>课程复盘
趣味游戏：跨越文化的旋律（杯子舞）</td><td>酒店会议室</td></tr>
<tr><td rowspan="3">第4天</td><td>上午</td><td>中国茶文化简介
功夫茶茶艺展示
中国茶品评讲解示范</td><td>人文社科系茶艺实训室</td></tr>
<tr><td>下午</td><td>“碧血丹心”——古典音乐红茶文化体验</td><td>人文社科系茶艺实训室</td></tr>
<tr><td>晚上</td><td>课程复盘
趣味交流：菌落图成品欣赏</td><td>酒店会议室</td></tr>
</table>

续表

<table>
<tr><th>日程</th><th>时间</th><th>活动内容</th><th>地点</th></tr>
<tr><td rowspan="5">第5天</td><td rowspan="2">上午</td><td>参观茶园，认识茶树、茶叶以及相关生产辅助设施</td><td rowspan="2">贵定生态茶园</td></tr>
<tr><td>定时采摘茶叶</td></tr>
<tr><td rowspan="2">下午</td><td>参观制茶生产线</td><td rowspan="2">贵定制茶车间</td></tr>
<tr><td>自主炒茶、制茶</td></tr>
<tr><td>晚上</td><td>课程复盘
个人科目展示
团队成果展示</td><td>会议室</td></tr>
<tr><td rowspan="2">第6天</td><td>上午</td><td>参加东盟研学论坛
优秀研学成果进入论坛展示单元</td><td>东盟会议中心</td></tr>
<tr><td>下午</td><td>结束返程</td><td></td></tr>
</table>

二、研学前准备

1. 研学方法

（1）现场实习。

希望所有的学习成为学生的一种亲身体验和长久的记忆，而不是单纯的抽象概念。是这次研学最重要的步骤。

（2）资料检索。

学生成长于不同的国家和文化中，想要达到研学目的，必须跨越文化间的沟壑。鼓励学生利用互联网工具和翻译软件，自主探索中国文化。

（3）互动性学习。

将每个参加活动的学生都作为一名中国文化的探索者和传播者，除了接受我们的课程以外，要求每个学员选取一个自己感兴趣的方面，为自己国家同胞讲述中国文化，介绍多彩贵州。

（4）集体研究性学习。

各个小组成员来自不同的国家，要求每个小组都有自己的研究学习成果，并以自己的风格化的方式展示出来。

2. 研学小组及个人信息

研学小组成员和个人信息可按表 9-3 填写。

表 9-3　研学小组及个人信息

<table>
<tr><td>研学地点</td><td colspan="2"></td></tr>
<tr><td>研学时间</td><td colspan="2"></td></tr>
<tr><td>姓名</td><td colspan="2"></td></tr>
<tr><td rowspan="6">小组信息</td><td>组名</td><td></td></tr>
<tr><td>组长</td><td></td></tr>
<tr><td>组员</td><td></td></tr>
<tr><td>组员</td><td></td></tr>
<tr><td>组员</td><td></td></tr>
<tr><td>组员</td><td></td></tr>
</table>

3. 研学课题

（1）个人必选课题。

可从三个课程板块白酒、蜡染、黔茶中选择，从上述三个选题中选取自己最感兴趣的内容，对其进行介绍与宣传，可以从制作工艺、产品特点、产品价值、产品功能等方面入手，对课程内容进行更深入的了解和学习。

（2）小组必选课题。

小组内选举一名同学作为本组研究性学习组长，在研学活动过程中，带领本组同学完成必选课题的信息搜集、整理，最终将课题以演讲、表演、艺术等形式表现出来。演讲可采用脱稿式演讲、照读式演讲、提纲式演讲、即兴式演讲、PPT展示演讲等，可以表演唱歌、跳舞、舞台剧、小品、相声等，可进行原创诗词、书法、绘画、短视频、Vlog、手绘书签、门票或文化衫的艺术设计等。

4. 研学关键词预习

应提前对研学活动中用到的关键词进行查询与理解，如表9-4所示。

表9-4 关键词查询

关键词	名词解释（需要自己预习填写）	其他
白酒		
蜡染		
绿茶		
苗族		
茅台酒		

5. 相关软件及书籍推荐

APP：网易有道词典——高效学习APP。

翻译软件：出国旅行在线英语翻译官。

推荐书籍：《中国茶》，王勇、乐林著，当代中国出版社；《图解茶道茶艺 茶经》，徐馨雅主编，北京联合出版公司；《中国白酒》，王延才主编，中国轻工业出版社；《蜡染》，沈凤霞、符德民著，邹登顺编，西南师范大学出版社。

三、研学中课程

1. 知行贵州——白酒工业课程

（1）可能遇到的问题。

醉人的空气：白酒酿造车间的空气可能会充满浓烈芳香的白酒味，

请大家作好心理准备；化工安全：会使用很多微生物菌群作为绘画工具，还会使用酒精灯这样的化学工具，请注意安全；看不见的化学反应：粮食加水怎样就成了能喝醉人的酒？无色的细菌液又是怎样形成绘画的呢？化学反应在我们眼睛之外。

（2）酒文化展馆。

中国酒文化源远流长，酒是国人生活中的主要饮料之一，其品种繁多，名酒荟萃，享誉中外。黄酒是世界上最古老的酒类之一，约在三千多年前的商周时代，中国人便独创了酒曲复式发酵法，开始大量酿制黄酒。酒渗透于整个中华五千多年的文明史中，从文学艺术创作、文化娱乐到饮食烹饪、养生保健等各方面，在中国人生活中都占有重要的位置。

（3）连连看：将白酒连线对应正确的香型。

酱香型	清香型	兼香型	浓香型
山西汾酒	五粮液	茅台酒	口子窖

（4）通过对生产车间的实地考察学习，绘制酿曲流程图（见图9-2）。

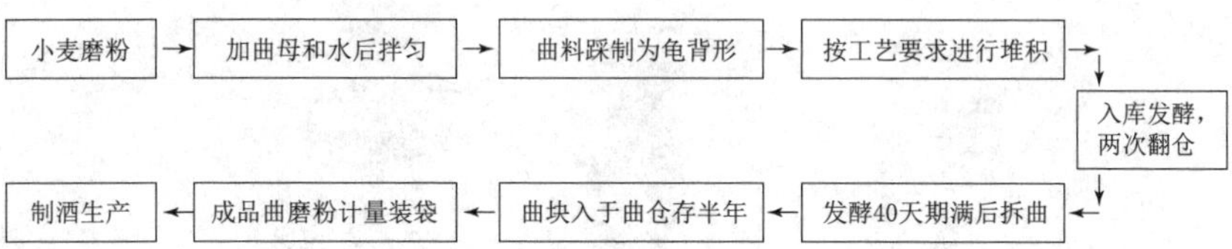

图 9-2　制曲工艺流程

（5）猜一猜这些平面菌落图（见图9-3）中由几种细菌绘制而成，并用不同细菌绘制一幅好看的图画。

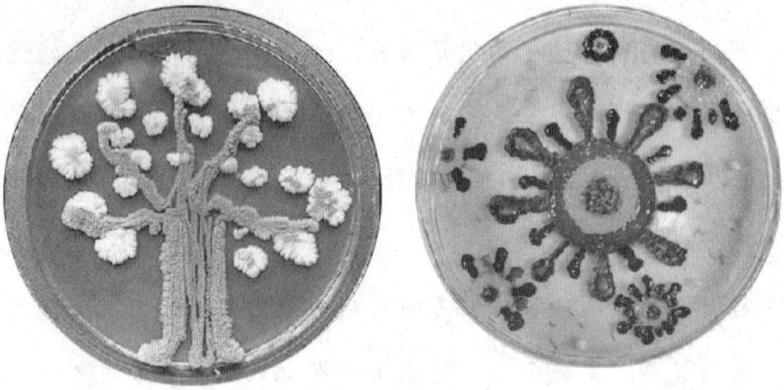

图 9-3　平面菌落图

（6）学习参照古中国画中的投壶活动（见图 9-4），试着与同学们一起开展。

图 9-4　投壶活动

（7）图解“礼”字（见图 9-5）。

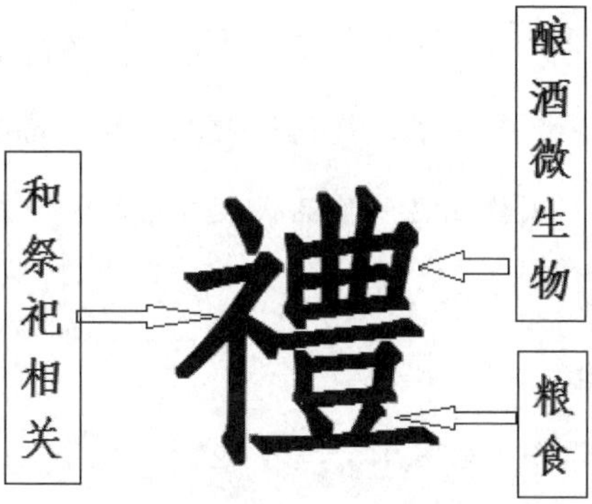

图 9-5 “礼”字图解

（8）根据中国四大节日代表物，猜一猜各自出现在哪个节日里，写出节日名称。

（春节）　　（中秋节）　　（端午节）　　（清明节）

（红包）　　（纸钱）　　（粽子）　　（月饼）

2. 知行贵州——蜡染工艺课程

蜡染图案丰富多彩、色泽艳丽，如图 9-6 所示。

图 9-6　蜡染图案

（1）可能遇到的问题。

染料制剂：蜡染中会用到很多印染材料，这些材料很多都有一定刺激性气味，不易清洗，不能食用，请作好准备；高温熔蜡：制作蜡染需要熔化的蜡液，而蜡液温度高达七八十度，请小心烫伤；个人设计：设计一种个人风格明显的作品代表自己的学习成果，请付出更多的创造力和耐心。

（2）蜡染文化。

在这幅蜡染作品（见图 9-7）中，包含了一个著名的苗族故事《蝴蝶妈妈》，请根据图片内容，试着讲述这个故事。

图 9-7　蜡染“蝴蝶妈妈”

（3）绘制蜡染流程。

白色织物：用煮熟的芋糊涂抹于短袖的反面，晒干，然后将布放在石板上用牛角或牛骨磨平、磨光，用小火将容器中的蜡块熔化成蜡液并用铜刀蘸蜡，绘制各种图案花纹，然后经过多次浸泡，将短袖浸染上深浅不一的花纹。冲洗后，用清水煮沸，煮去蜡质，漂洗后，布上就会显出蓝、白分明的花纹来。

（4）在下面温度区间内，按照正常的顺序，放入布料的化学反应过程。

20~30℃　　　　40~50℃　　　　50~60℃

（　　）　　　　（　　）　　　　（　　）

A. 蜡块熔化　　　B. 靛蓝染入布料　　　C. 清洗定型

（5）找一张贵州地图，用笔标识出我们的位置，以及使用蜡染工艺的民族所在区域。

（6）照表 9-5 说出“蝴蝶妈妈”的特征。

表 9-5 “蝴蝶妈妈”的特征

有蝴蝶翅膀		
	人的身体	
		会说人类的语言

（7）成功合奏杯子舞以后，请简述一种你们家乡的舞蹈或者游戏，并在小组里教授其他成员。

3. 知行贵州——黔茶文化课程

（1）可能遇到的问题。

室外环境：在采茶过程中，有可能长时间处于室外高温暴晒环境下，请注意个人防护；用茶礼仪：茶不仅作为一种饮料，更是一种象征平等沟通的文化，请跟着茶艺师学习饮茶中的礼仪行为；制茶过程：有一些步骤（炒茶）需要接触高温环境，请注意保护好自己，防止高温烫伤。

（2）手工采茶。

手工采茶是传统的茶树采摘方法，可分为掐采、提手采和双手采，而提手采是茶叶标准的采摘手法。这种采摘方法，能保持芽叶完整、新鲜、匀净，不夹带鳞片、鱼叶、茶果和老枝叶，不宜捋采、抓采或掐采。手工采茶容易掌握，但比较费工，成本高，一般采用简易采茶方式。

简易制茶流程如图 9-8 所示。

图 9-8　简易制茶流程

观察茶树，茶叶上为什么有黑色的小点？

计算：2 万个茶尖为 1 斤茶叶，3 斤茶叶制 1 斤干茶，根据自己的采茶进度计算采摘 1 斤干茶所需时间。

请在以下画框中，绘制出茶青的采摘标准。

根据提示，请列举出与茶叶相关的美食（见表 9-6）。

表 9-6　与茶叶相关的美食

中文	英文
	Milk Tea
	Matcha Cake
	Dragon Well Tea Shrimp
	Egg boiled with Salt &Tea

（3）茶韵飘香

茶艺表演[①]分为绿茶茶艺和红茶茶艺。绿茶茶艺如下。

（1）冰心去凡尘。

（2）清宫迎佳人。

（3）甘露润莲芯。

（4）凤凰三点头。

① 参见江用文、童启庆主编《茶艺师培训教材》，金盾出版社，2008。

（5）碧玉沉清江。

（6）观音捧玉瓶。

（7）慧心悟茶香。

（8）淡中品至味。

（9）自斟乐无穷。

红茶茶艺：各位嘉宾，大家好！很荣幸为你们演示红茶茶艺！今天为各位献上的是一道浪漫音乐红茶茶艺——碧血丹心。在这道茶艺中，我们借助贵州红茶相思梅来演绎梁山伯与祝音台的爱情故事。

（1）洗净凡尘。

（2）喜遇知音。

（3）十八相送。

（4）相思血泪。

（5）楼台相会。

（6）红豆相送。

（7）英灵化蝶。

（8）情满人间。

四、研学后总结

1. 研学旅行学生感言

2. 成绩评价

可按表 9-7 所示内容如实填写。

表 9-7　成绩评定单

分数板块	专业老师（50%）	同伴互评（30%）	自我评价（20%）	总占比权重（%）
轻工业体验				20
蜡染体验				20
茶文化体验				20
最终个人展示成果				10
最终团队展示成果				30
最终分数				

3. 闭营仪式

学习成果展示交流会上精彩纷呈，热闹非凡，大家都露出了开心的笑容，图 9-9 是分享的精彩瞬间。

图 9-9　学习成果展示交流精彩镜头

4. 结束语

为期 6 天的（2021）东盟教育研学旅行活动很快就过去了，当分别来临的那一刻，同学们流露出恋恋不舍的表情，他们被中国传统文化和贵州特色的产业技术与文化感染了。结业典礼上，每个学生都得到了印有他们自己设计的菌落图，并根据图意配了一首中文诗，镶嵌在木框里。这个特别的结业证是艺术品，也是他们人生轨迹难忘的印证，这就是研学旅行教育模式的魅力。

案例 2　2023 东盟教育研学旅行活动

由于参加这次活动的外国留学生来到中国仅仅两个多月，中文掌握还不太熟练，研学手册采用中英文对照。研学旅行活动主要地点设在黔东南荔波县洪江村。研学活动照片如图 9-10、9-11 所示。

图 9-10　研学活动之参观“天眼”

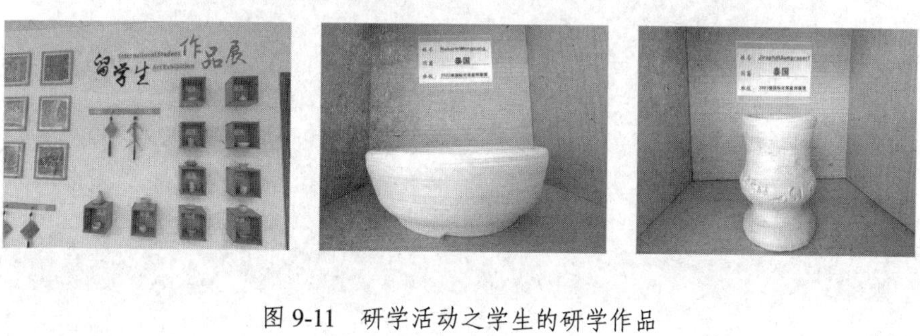

图 9-11　研学活动之学生的研学作品

2023 年东盟教育研学旅行活动及研学手册示范如图 9-12 所示。

中国-东盟教育交流周
China-ASEAN Education Cooperation Week

研学前准备
Preparation before study tour

中国-东盟教育交流周
China-ASEAN Education Cooperation Week

一、研学方法
I. Study Tour Methods

1、现场实习：所有的学习我们都希望成为你的一种亲身体验和长久的记忆，而不是单纯的抽象概念。**YOU DO，**是这次研学最重要的步骤。

1. Field practice: We hope all study activities could become a personal experience and a long-lasting memory for you, not just an abstract concept. **YOU DO** is the most important step of this study tour.

2、资料检索：我们成长于不同的国家和文化中，我们想要达到研学的目的，必须跨越文化间的沟壑。所以我们鼓励你利用互联网工具和翻译软件，自主探索中国文化。

2. Data search: We grow up in different countries and cultures, if we want to achieve the purpose of the study tour, we must cross the gap between cultures. Therefore, we encourage you to use internet tools and translation software to explore Chinese culture by yourself.

3、互动性学习：我们将每一个参加活动的学生都作为一名中国文化的探索者和传播者，所以除了接受我们的课程以外，我们要求每个学员选取一个自己感兴趣的方面，能够为你们自己国家的同胞，讲述中国文化，介绍多彩贵州。

3. Interactive learning: We treat every participating student as an explorer and disseminator of Chinese culture, so in addition to receiving our courses, we ask each participant to pick an aspect of interest to introduce the Chinese culture and colorful Guizhou to your compatriots in your own country.

4、集体研究性学习：虽然我们的各个小组成员来自不同的国家，但是我们要求每个小组都有自己的研究学习成果，并以自己的风格化的方式展示出来。

4. Collective research study: Although our group members come from different countries, we require each group to have their own research study results and present them in their own stylized way.

二、研学小组
II. Study tour group

<table>
<tr><td>研学地点
Study tour place</td><td colspan="2"></td></tr>
<tr><td>研学时间
Study tour time</td><td colspan="2"></td></tr>
<tr><td>姓名
Name</td><td colspan="2"></td></tr>
<tr><td rowspan="6">小组信息
Group information</td><td>组名
Group name</td><td></td></tr>
<tr><td>组长
Group leader</td><td></td></tr>
<tr><td>组员
Group member</td><td></td></tr>
<tr><td>组员
Group member</td><td></td></tr>
<tr><td>组员
Group member</td><td></td></tr>
<tr><td>组员
Group member</td><td></td></tr>
</table>

9

三、研学课题
III. Study topics

中国-东盟教育交流周
China-ASEAN Education Cooperation Week

个人必选课题
Compulsory topics for individuals

1.课题选题：三个课程板块选择：微生物的奇妙世界与发酵文化体验、书法体验、连接文化与创新：贵州北盘江大桥3D打印体验。
1. Topic selection: three course modules can be selected: The Wonderful World of Microorganisms and Fermentation Culture Experience, Calligraphy Experience, Connecting Culture and Innovation: 3D Printing Experience of Guizhou Beipan River Bridge
2.课题要求：从上述三个选题中选取自己最感兴趣的内容，对该产品进行介绍宣传，可以从制作工艺、产品特点、产品价值、产品功能等方面入手，对课程内容进行更深入的了解学习。
2. Topic requirements: Choose the content you are most interested in from the above three topics, introduce and promote the product from the perspective of production process, product characteristics, product value, and product functions, so as to have a more in-depth understanding of the course contents.

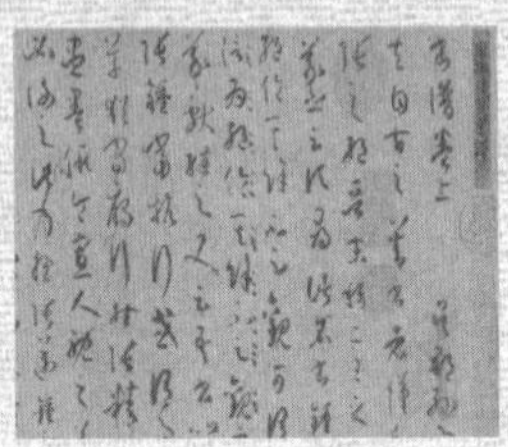

小组必选课题
Compulsory topics for groups

小组内选举一名同学做为本组研究性学习的组长，在研学活动过程中，带领本组同学完成必选课题的信息收集、整理，最终将课题以演讲、表演、艺术等形式表现出来。
The group elects a student to be the group leader for research study, who leads the students in the group to complete the collection and organization of information on the mandatory topics in the course of the research study activities, and finally presents the topics in the form of speech, performance or art.

例如：
For example:
1.演讲（脱稿式演讲、照读式演讲、提纲式演讲、即兴式演讲、PPT展示演讲等）；
1. Speech (speech without script, speech with script, outline speech, impromptu speech, PPT presentation speech, etc.);
2.表演（唱歌、跳舞、舞台剧、小品、相声等）；
2. Performance (singing, dancing, stage play, sketch, cross talk, etc.);
3.艺术（原创诗词、书法、绘画、短视频、Vlog、手绘书签、门票或文化衫的艺术设计等）；
3. Art (original poems, calligraphy, paintings, short videos, Vlogs, hand-painted bookmarks, artistic design of tickets or cultural T-shirts, etc.);
……

10

中国-东盟教育交流周

China-ASEAN Education Cooperation Week

研学中课程
Courses of study tour

中国-东盟教育交流周
China-ASEAN Education Cooperation Week

一、知行贵州——微生物的奇妙世界与发酵文化体验
I. A Study Tour in Guizhou -- The Wonderful World of Microorganisms and Fermentation Culture Experience

（一）可能遇到的问题
(I) Problems that may be encountered

1、醉人的空气，今天我们将参观白酒酿造车间，这里面空气将会充满酿酒原料和白酒发酵的味道，请做好心理准备。
1. Intoxicating air. Today we will visit the baijiu brewing workshop, which will be filled with the smell of brewing materials and baijiu fermentation, please be prepared.
2、实训室安全，今天我们会使用微生物作为我们的绘画“墨水”，还会使用酒精灯这样的加热设备，请听从老师的指导。
2. Training room safety. Today we will use microorganisms as our painting “ink”, and will use alcohol lamps as heating equipment. Please follow the teacher's instructions.
3、看不见的微生物，粮食加水怎样就成了能喝醉人的酒，肉眼看不见的微生物怎样变成图画，微生物的生长发生在我们的眼睛之外。
3. Invisible microorganisms. How grain and water become baijiu that can intoxicate people, how microorganisms that are invisible to the naked eye become paintings, and how microorganisms grow beyond our eyes.

【发酵文化】
[Fermentation Culture]

酒是人类生活中的主要饮料之一。中国制酒历史源远流长，品种繁多，名酒荟萃，享誉中外。白酒是世界上最古老的酒类之一，是以粮谷为主要原料，经过酵母菌发酵后，再经蒸馏、陈酿和勾兑调配制得的蒸馏酒。酒渗透于整个中华五千年的文明史中，从文学艺术创作、文化娱乐到饮食烹饪、养生保健等各方面在中国人生活中都占有重要的位置。在《中国酒概述》中提到，新中国成立后统一了酒的名称，无论是以前的高粱酒，还是叫烧酒，今后统一叫“白酒”。
Liquor is one of the main beverages in human life. China has a long history of making liquor, with many famous liquor varieties, which are renowned both at home and abroad. Baijiu is one of the oldest liquors in the world. It is a distilled spirit made from cereal grains by yeast fermentation, distilling, ageing and blending. Liquor has permeated into the entire 5,000-year history of Chinese civilization, occupying an important position in the lives of Chinese people in all aspects from literary and artistic creation, culture and entertainment, to food and cooking, and health care. As mentioned in *An Overview of Chinese Liquors*, the name of liquor was unified after the founding of New China, and both the kaoliang spirit and distilled liquor are collectively called “baijiu” in the future.

13

中国-东盟教育交流周
China-ASEAN Education Cooperation Week

1.连连看：将白酒对应正确的香型。
1. LinkGame: link the baijiu to the correct flavor.

酱香型 Sauce flavor	清香型 Fen flavor	兼香型 Mixed flavor	浓香型 Strong flavor

2.通过对生产车间的实地考察学习，绘制造曲流程图。
2. Draw a flow chart of yeast manufacturing through a field trip to the production plant.

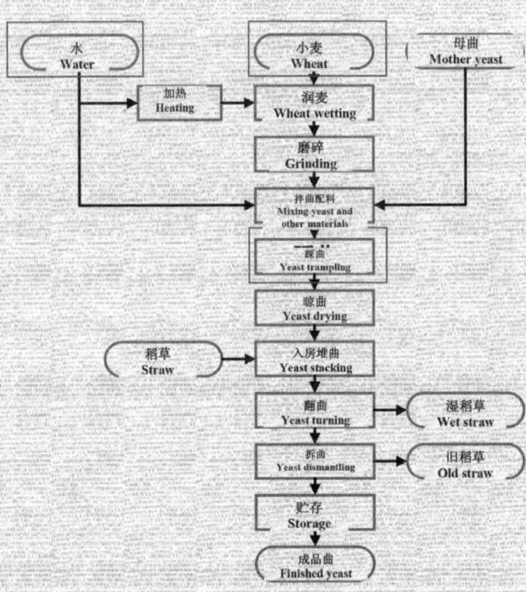

14

图 9-12　研学旅行活动手册

第十章　研学旅行教育现状与展望

一、研学旅行教育现状

从 2016 年开始，我国在政策和资金方面给予中小学生研学旅行教育事业极大支持，于 2017 年和 2018 年先后建成两批中小学生研学实践国家级基地 582 个，国家级研学营地 40 个。

教育部首先要求将研学旅行纳入中小学课程体系，并对研学内容和研学形式进行了明确的规范。中小学研学旅行活动通过局部地区试点，在国家政策的支持和指导下，2022 年开始在全国各地轰轰烈烈地开展起来。

随着全球化交往的不断发展，研学旅行教育也逐渐呈现出全球化的趋势，各国纷纷开展跨国研学旅行项目，让学生能够体验不同文化背景下的学习和研究。全球化研学不仅有助于培养学生的国际视野和跨文化交流能力，还能够加深学生对全球问题的认识和理解。我国政府高度重视研学旅行的国际交流与合作，力图通过国际交流与合作，借鉴其他国家的先进经验和做法，提高研学旅行的质量和水平。

总体来看，在研学课程开发方面，各地区、各旅行社或研学旅行机构开发质量不平衡，研学旅行的质量和效果也不同。国家和各省教育厅也鼓励学校教师积极开发研学课程，希望研学旅行课程能结合当地的文化和自然资源，以及参加活动学生的已有知识水平和能够接受的知识进行个性化设计。

研学旅行课程以培养学生的创新精神、实践能力为目标，应确保课程的科学性和多元化。目前，有的省教育厅意识到了研学旅行课程开发的重要性，积极组织全省各级学校和研学旅行服务机构参加省研学旅行课程开发竞赛活动，力图推动研学旅行课程开发的质量尽快达到理想水平。

由于研学旅行教育的全面开展，全国每年有 1 亿多名学生需要参加研学旅行，而我国研学指导师的培养于 2020 年才开始招生，2023 年才有第一批学生毕业，这就意味着原旅行社的导游通过简单培训就开始带团游学，他们还没来得及克服自身研究学习的适应期，就直接转到研学旅行指导师岗位。他们对导游环节熟练，但在研学环节有待提高，有些研学旅行活动难免存在重游轻学的现象。

安全问题一直是国家非常重视的大问题，始终强调安全第一。接受研学旅行教育的中小学生都是未成年的少年儿童，而目前的研学旅行指导师都是刚刚从导游转到研学旅行指导师岗位的，服务对象发生了巨大变化：以前旅行团接待的都是成年人，他们有丰富的社会经验和生活经验，知道有效保护自己的安全；而现在面对的是参加研学旅行活动的少年儿童，他们没有生活经验，且活泼好动，不知道如何保护自己安全，研学活动期间，研学旅行指导师和安全员应承担学生监护人的职责。纵观近几年研学旅行活动发生的安全事故，相对于全国每年 1 亿多学生参加研学旅行活动的人数和次数，事故发生率并不高，但细观这些事故的原因，其实都是不该发生的，希望这些案例能成为研学活动组织方和承办方的警钟。安全问题无小事，要始终把学生安全放在首位。

二、研学旅行教育发展策略

研学旅行教育活动中各研学旅行机构和学校已经高度重视安全问题，但还是要警钟长鸣，把安全第一贯彻到活动始终。在研学旅行活动方案的设计中，应细化到分钟时间单位，做到活动时时有安排，事事都有责任人。研学全过程都应全面挖掘可以研学的内容，不要留给学生自由支配的时间，这样既可以让学生获得更多学习体验的内容，也可以避免由于自由活动而出现安全事故。

研学课程开发要根据研学旅行目标和主要活动地点，挖掘周围和沿线研学活动资源，尽量让学生的学习内容更加充实。研学课程设计还要根据不同学校、不同学段学生的基本情况，开发特色化的研学课程，切不可用一个研学旅行路线、一套研学课程应付所有研学团队。

贵州省教育厅于2022年举办的研学旅行课程开发竞赛活动形式极好，邀请了全省中小学、高校、研学旅行机构参加。竞赛分高校组、企业组、中小学组。虽然首次参赛作品质量有待提高，但这种竞赛形式对推动研学旅行课程开发质量快速提高会有推动作用。山东省、山西省等也开展了类似活动[①]。研学旅行课程开发竞赛可以在全国推广，每年开展一次。

研学旅行教育活动质量监督机制目前处于缺失状态。研学旅行教育活动的主体是学校，承办方是研学机构，研学旅行教育是中小学教育体系中的教育内容，根据我国研学旅行教育的特殊性，教育部门应对研学旅行教育活动

---

① 参见边锋、张令伟、于佩佩：《出精品 重落地 山东研学旅行创新大赛成果显著》，《中国旅游报》2021年12月6日，第3版；《中国旅游报》：《山西研学旅行课程设计大赛落幕》，https://www.mct.gov.cn/whzx/qgwhxxlb/sx/202205/t20220517_933013.htm.，访问日期：2024年4月18日。

的质量进行监督。根据我国目前研学旅行教育全面铺开而第三方监督机构没有建立的情况，建议由教育部门组建研学旅行教育活动质量监督评估专家团队，对研学旅行教育活动质量进行评估和指导，以评估来促进这个教育环节质量不断提高，让研学旅行教育成为人民满意的教育模式。

培养研学旅行指导师研学旅行管理与服务专业的高校，对研学教育，包括研学旅行教育模式、研学路线开发、研学旅行课程方案设计、研学旅行手册设计、研学旅行课程教学设计等都应有一定高度的研究。研学旅行教育活动需要研学旅行指导师具备较高的研学教育综合能力，也需要学校带队教师具备研学教育综合素质和指导能力，建议政府主导，给研学旅行指导师和学校负责带队的总负责人定期参加培训的机会。承担培训任务的单位可以委托给开设研学旅行管理与服务专业的高校。

另外，研学教育还包括高校大学生暑期“三下乡”活动、社会调查活动、社会实践活动、大学生科技竞赛活动、大学生创新竞赛活动、大学生科研课题等，这些活动所采用的研学模式一系列教学方法也属于研学范畴。

建议教育部针对研学旅行亟待解决的问题设置研究课题，或定期召开研学教育研讨会，对研学教育模式、研学教学方法、研学旅行课程开发、研学旅行指导师培养与培训等问题进行研讨。可以开设几个分会场，邀请高校、研学旅行指导师培养学校、研学基地、研学旅行机构、中小学校代表参加，通过大会交流，推动研学旅行事业更加健康地发展。

目前，已经有一些民间创建的研学旅行活动交流网站，如贵州研学旅行网、贵州省研学旅行协会等。为了尽快规范研学旅行活动，建议各级政府主导开发研学旅行交流网站，展示优质研学旅行案例、优质研学旅行课程开发课件等，录制与发布一些传授研学模式教学方法的小视频，发表交流研学旅行相关问题的研究论文、总结报告等资料，为从事或接触研学旅行工作的人员提供学习交流平台，促进研学旅行教学活动高质量发展。

三、结束语

研学教育模式让学生走出说教模式的课堂，在实践中自主学习，自主探究，接触和了解更多的文化、知识和技能。通过跨学科的学习和实践，学生能够拓宽视野，了解不同领域的知识和技能。研学教育模式注重培养学生的创新思维和创新能力，通过引导学生参与实践活动、完成任务学习等方式，激发学生的好奇心和求知欲，培养他们的创新意识和探索精神。这种教育模式有助于培养学生的创新能力和解决问题的能力，使他们更好地应对未来的挑战和机遇。同时通过小组合作、团队项目等方式，鼓励学生互相协作、共同完成任务，这种教育模式有助于培养学生的沟通能力和团队合作精神。因此，研学教育模式可以培养学生获得知识、能力、情感三个维度的综合素养，有助于培养学生综合能力的全面发展，使他们成为适应国家建设需要的人才，可以毫无疑问地说，研学旅行教育活动意义非常重大。

中小学生是祖国的未来，少年强，则国强。作为教育工作者（含研学旅行指导师），承担国家如此重要的研学旅行教育活动教学任务，为祖国培养优秀的建设者，这项工作光荣而艰巨。我们相信，在国家高度重视和引导下，在各级部门的大力支持下，研学旅行教育活动在飞速发展的同时，通过从事这项教育活动工作者的不断努力探索与实践，教学质量必然会不断提高。未来，我国研学旅行教育事业的发展前景广阔，研学旅行教育质量也会不断提高，终将成为人民满意的教育模式！

后　　记

过去五年时间里，笔者一直专注于贵州省研学教育与发展、研学旅行管理与服务专业人才培养、中外人文交流活动留学生研学活动设计等领域研究，先后在国家级、省部级公开发表相关学术论文10余篇，制定高职院校研学旅行管理与服务的人才培养方案，并受贵州省教育国际交流中心委托，组织承办了“中国 - 东盟教育交流周”美育基地研学课程设计大赛，立项并组织完成了“知行贵州”丝绸之路青年交流计划——贵州轻工业研学文化体验活动等，为撰写本书奠定了基础。

选择研学教育模式[illegible]，一是笔者在2019年亲自申报并举办了研学旅行管理与服务[illegible]人才培养的方式和效果，也了解了市场对研学导师的需求[illegible]年来笔者根据贵州地方特色和学校办学特色，亲自组织设计了[illegible]艺精情浓的创业史，探索不朽的贵州工匠精神”——贵州轻工业文化研学体验活动的《研学教育活动手册》《研学活动指南》，承接了来自“一带一路”沿线友好国家的外国学生及教师200余人，对“职教出海”的路径萌生了一些想法，并付诸行动。三是笔者在马来西亚留学期间，广泛阅览了世界各国“研学教育”“教育学”“定量分析方法”等相关主题的文献，对中外教育模式研究及中外研学教育模式的异同点有一定的认识。四是基于工作岗位使命，笔者在制定人才培养方案、设计开发留学生研学活动时，了解到在知网数据库中的相关期刊论文、学位论文、报刊文章等总数达到11000余条，但相关书籍仅4部。因此，为了给广大教育同行、研学活动机构和研究人员提供参考，笔者萌生了撰写本书的想法。

本书既是笔者对研学课程设计及教学改革的思考，也是笔者对“中国-东盟教育交流周”“‘知行贵州’丝绸之路青年交流计划”特色品牌活动的创新性探索成果。尽管在参考文献和研究方法上，借鉴和采用了国际上的理念，本着“古为今用，洋为我用”的思想，本书的研究成果依旧是为中国的研学旅行管理与服务专业人才培养、思政课程建设和中外人文交流活动设计等服务的。期望本书的观点、见解和建议，对研学旅行管理与服务专业课程改革和对思政课程如何精选用活地方本土教材，以及对新时代中外人文交流活动形式的多元创新发展，提供具有一定实用价值的参考。

本人竭尽所能，力求客观全面而科学准确地对研学教育模式进行分析，但基于个人视野、时间和精力等的局限以及参考文献的不足，书中难免有欠缺、遗漏和偏颇之处，恳请专家、学者和广大读者予以批评指正。

本书在撰写和出版过程中，得到了张之洞与武汉博物馆、新安旅行团历史纪念馆在图文资料、信息校对等方面的指导和帮助，得到了马来西亚思特雅大学丹斯里奥马尔科技创新政策研究中心（Tan Sri Omar Centre）对研究方法的指导，得到了“中国-东盟教育交流周”组委会秘书处办公室陈文益主任以及教育国际交流协会陈小飞秘书长在政策和策略方面的大力支持，得到了贵州大学文学院院长谭德兴教授给予的支持、鼓励和帮助，在此向他们表示最真挚的感谢！

杨丽彦

2024 年 2 月